JN064609

宇田川勝司
Katsushi Udagawa

ベレ出版

はじめに

近年,「グローバル化」という言葉が様々な場面で使われている。グローバル化とは，情報通信技術の進歩や交通手段の発達などにより政治，経済，文化など様々な分野において，人間の活動やコミュニケーションが国や地域などの枠組みを越えて行なわれることをいう。今やスマホで自宅から世界のほとんどの国の人といつでも気軽に話すことができ，世界で何が起こっているのか，テレビやインターネットにより，リアルタイムの映像で知ることができる。それだけ世界が身近になっている。とはいっても，やはり歴史や文化が異なる外国のこととなると,「エッ！どういうこと？」と思うことはまだまだ多い。

2019 年末に中国で初めて確認された新型コロナ感染症（COVID-19）が，そのわずか 1ヵ月後には，WHO がパンデミック宣言をするほど世界中に感染拡大したのも，それだけ世界がグロバール化しているからだが，コロナに関して世界各国から伝えられるニュースの中に，日本に住んでいる者として「ん？」と思うことがある。コロナ禍で，日本人は強制されなくてもみんながきちんとマスクをするようになったが，当時のアメリカでは大統領が「自分はマスクをしない」と言っていた。どうして？　コロナ対策の切り札のワクチンが開発されたが,一番最初に使ったのが中東の小国イスラエルだ。ワクチン開発国でもないのになぜ？

2022 年，イランでヒジャブの着用を巡って逮捕された女性の死をきっかけに反政府運動が高まったが，そもそもムスリムの女性がヒジャブなどで髪の毛を隠さねばならないのはなぜ？

アメリカなど欧米には日常生活でマスクをする習慣がないことは海外へ行ったことがない人でもよく知っている。日本で暮らす外国人が増え，ヒジャブを着用したムスリムの女性を街角でも見かけることもあり，それに驚いたり，異様に感じたりする人はいないだろう。しかし，そのようなことを知ってはいても，その理由となるとほとんどの人は知らないのではないだろうか。

海外へ行き，初めて知ったり，体験したりすることもある。筆者の場合，台湾では人々がコンビニで買物をしたときのレシートを決して捨てないことを初めて知った。ネパールのヒマラヤ山麓のホテルで，トイレにトイレットペーパーなどはなく，備え付けてあったのはシャワーホース，その使い方がわからず戸惑ってしまった。

グローバル化が進んでいるとはいえ，世界各地は気候が異なり，そこに見られる動物や樹木は様々だ。言葉，食べもの，風習なども国ごと民族ごとに違いがある。世界には我々が真相を知らなかったり，気付いていなかったりする数多くの謎や驚きがある。

本書は，そのような視点から，2016年に刊行し，幸いにも多くの方々から好評をいただいた『なるほど世界地理』の続編，2020年に刊行した『謎解き日本列島』の世界編として，世界各地の様々な事象に潜む謎解きをテーマとして100話を紹介する。興味をお持ちいただいたページから，拾い読みしていただければよいので，世界の国々や地域について，ぜひ，本書で新しい感動や発見を体験していただきたい。

2023年10月　　宇田川勝司

目　次

第1章　アジア

第2章 ロシア・ヨーロッパ

アフリカ

南北アメリカ

第5章 オセアニア・南極

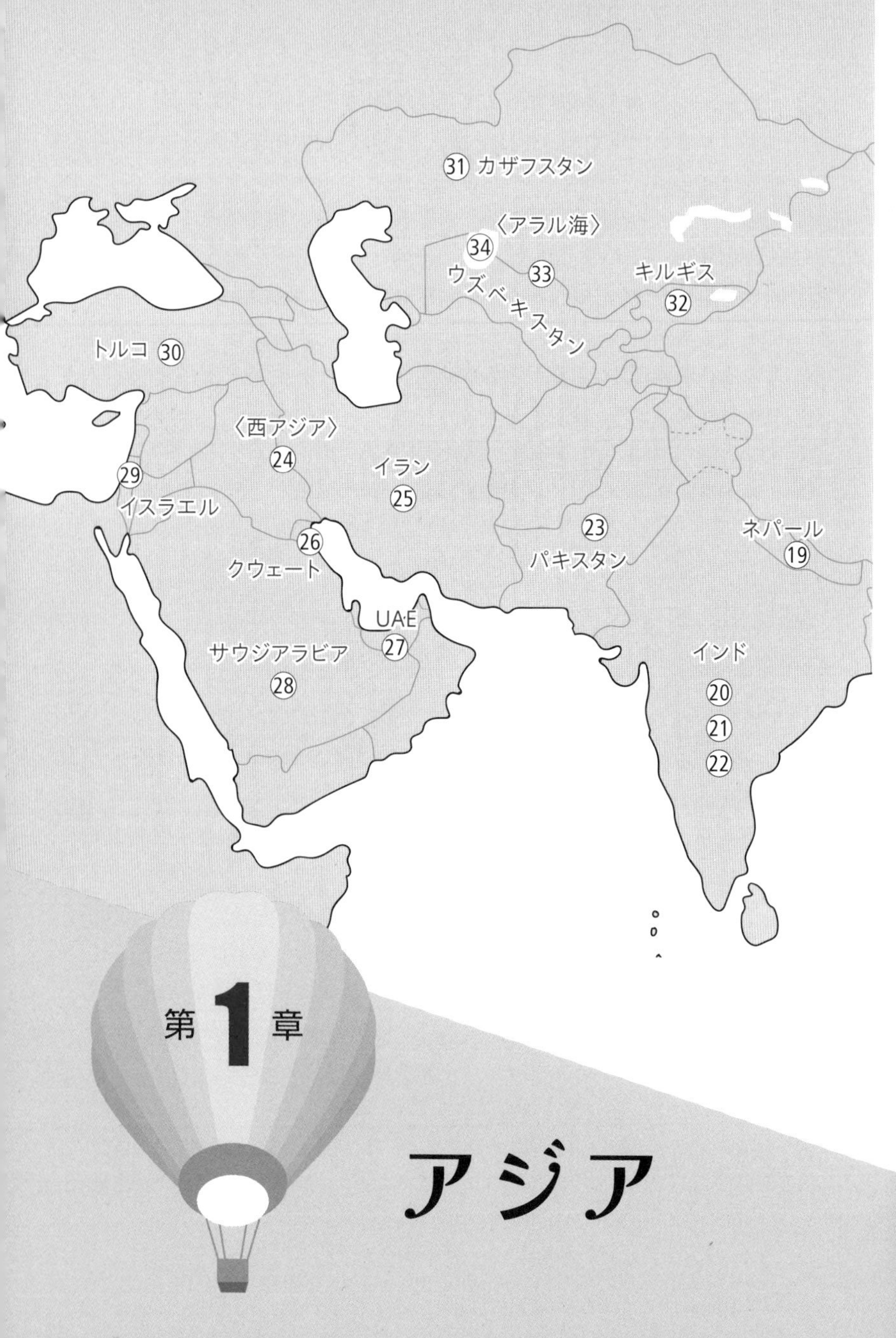
31 カザフスタン
〈アラル海〉
34
33
ウズベキスタン
キルギス
32
トルコ 30
〈西アジア〉
24
イラン
25
29
イスラエル
26
クウェート
23
パキスタン
ネパール
19
UAE
27
サウジアラビア
28
インド
20
21
22

第1章 アジア

モンゴル
④
⑤
③
北朝鮮
②
韓国
①
③
中国
⑥
⑦
⑧
バングラデシュ
⑱
⑨
台湾
ミャンマー
⑬
⑫
タイ
⑪
⑩
フィリピン
ベトナム
⑭
マレーシア
⑮
シンガポール
⑯
インドネシア
⑰

全人口の 22%が金（キム）さん，韓国に金という姓が多いワケ

韓国には「南山（ナムサン）（ソウルの旧市街）で石を投げれば金（キム）さんに当たる。」という諺（ことわざ）がある。それだけこの国には金さんが多い。

韓国には人口の約22%つまり5人に1人，なんと1000万人の**金**さんがいる。著名人として，フィギアスケート金メダリストの金妍兒(キム・ヨナ）や女優の金所炫（キム・ソヒョン），歴代大統領には金大中（キム・デジュン）や金泳三（キム・ヨンサム）がいる。隣の北朝鮮にも金正恩（キム・ジョンウン）まで3代にわたりこの国を支配している金一族など金姓の人が多い。

多いのは金姓だけではない。ランキング第2位の「李（イ）」が全人口の約15%にあたる約680万人，さらに3位の「朴（パク）」や4位の「崔（チェ）」を加えると，実に韓国国民の半数が金·李·朴·崔の4姓で占められている。ちなみに,日本の最多は「佐藤」で約185万人,全人口の1.5%にすぎず,韓国で第10位の「林（イム）」より低い比率だ。

韓国で同姓の人が多いのは，日本と韓国では姓の数が違うからであろう。日本人の姓は約30万に上るが，韓国には286の姓しかない。そもそも姓とは何だろうか。国語辞典には「同じ祖先から出た一族を表わす語」とあり，その意味は日本も韓国も同じだ。

現在,日本では姓と同義で**名字**という言葉がよく使われる。しかし,本来，姓と名字は異なるものだ。平安の初め，日本では，藤原，源，

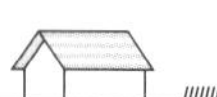

平などが代表的な姓であった。しかし，平安の中頃から各地に武士が登場すると，彼らは姓とは別に名字を名乗るようになる。当時の武士の多くは藤原氏，源氏，平氏の一門であり，同姓の他の一族と区別するために，彼らは自分たちが支配する土地の名を通称とし，それが名字の起こりとなった。北条，足利，織田，武田，上杉，毛利などである。さらに藤原氏の一族は，伊勢に住んだ者は伊藤，加賀なら加藤，近江なら近藤，武蔵なら武藤と名乗った。

韓国の姓上位10

順位	姓	割合
①	金（キム）	21.6%
②	李（イ）	14.8%
③	朴（パク）	8.5%
④	崔（チェ）	4.7%
⑤	鄭（チョン）	4.4%
⑥	姜（カン）	2.3%
⑦	趙（チョ）	2.1%
⑧	尹（ユン）	2.1%
⑨	張（チャン）	2.0%
⑩	林（イム）	1.7%

〈韓国統計庁調査〉

その後も，日本人は既存の姓にとらわれず，明治の四民平等政策により，庶民も自由に名字を名乗ったため，現在のように名字の数が多くなったわけである。

一方の韓国でも，同姓の場合はその出身地で区別するようになる。**本貫**（ポングァン）である。韓国の姓にはすべて本貫があり，金姓の場合，金海，善山，慶州，全州など285の本貫がある。例えば，姓が金で本貫が慶州の場合は慶州金氏と呼ばれ，姓が同じで本貫が同じことを「同姓同本」といって同じ一族と見なされ，逆に，姓が同じであっても本貫が異なれば別の一族と見なされた。1997年に民法が改正されるまでは，たとえ面識がなくとも同姓同本の男女は，近親婚を避けるため，結婚することが認められていなかった。現在でも，若者たちはナンパで知り合った相手には，真っ先にまず姓や本貫を尋ねるそうだ。

韓国の人が正座をしないのはなぜ？

正座を正しい座り方とするのが日本の文化だが，韓国では正座はNG，男は胡座（あぐら），女は立て膝が伝統的な座り方だ。一体なぜ？

テレビで韓国ドラマを見ていると，チマチョゴリを着た女性が胡座座りをしたり，立て膝をついて食事をしているシーンを見かけることがある。日本では，着物を着た女性が胡座をかくなどとんでもないことであり，**正座**が正しい座り方とされている。しかし，韓国では，男女を問わず正座をする習慣はない。かつては男は**胡座**（あぐら），女は**立て膝**が正しい座り方とされ，女性が立て膝で座るのはチマ（スカート）の広がりを美しく見せる作法でもある。また，韓国の伝統的な住居は，冬の暖房としてオンドル（床暖房）が使われているが，胡座や立て膝でお尻を暖かい床につけて座るのが身体を温める座り方だった。

ちなみに，中国では椅子に座る生活が一般的で，床に座ることはほとんどなく，欧米にも正座を習慣とする国はない。イスラム諸国では，人々は礼拝の際には正座をするが，食事をするときは胡座だ。正座の習慣はどうも日本だけらしい。

しかし，その日本でも正座が習慣化されたのは江戸時代以降である。それ以前は日本人もほとんど正座をしなかった。百人一首の人物の絵を思い出してほしい。平安貴族もお姫様もお坊様も正座などしていない。茶聖と呼ばれたあの千利休も胡座姿で茶を点てていたという。日

本人が正座をするようになったのは，まず女性の着物の変化である。ゆったりしたスカート状のチマでは胡座をかいても足は隠れるが，日本の着物は広がりがなく，前が開くので足を開いた座り方ができない。着物で胡座をかくと前がはだけて，あられもない姿になってしまう。

また，正座はもっとも立ち上がりにくい座り方であり，いつでも戦う体勢でなければならない武士にとって，正座をするなど本来はありえなかった。しかし，逆に正座はとっさに攻撃に移りにくい姿勢であるため，攻撃心のない証とされ家臣が主君に対してかしこまる姿勢とされた。戦乱がなくなった江戸時代，諸大名は将軍拝謁の際，正座をして儀式に臨んでいたことから正座が武家社会に定着するようになった。

そして，明治以降，正座は日本人の正しい座り方として修身などの教科で学校でも教えるようになり，日本の文化として一般家庭にも定着した。「正座」は正しく座ると書くが，「正座」という言葉自体も明治の頃に作られた言葉である。

それでは，韓国では正座をしないだけではなく，それがなぜNGなのだろうか。韓国では正座は，身分の低い者が高い階級の人に面したときや，叱責されたり陳謝したりするとき，罰を受ける罪人の座り方なのである。日本と全然違うじゃないかと思われるかもしれないが，その根底にあるのは正座はかしこまるときの座り方であるという考え方であり，それは日本と共通している。日本の子どもたちも，親や学校の先生から叱られるとき，胡座などは許されず，「きちんと正座をしなさい」と正されるはずだ。

中国と北朝鮮，どちらの国も正式国名が実は日本製ってどういうこと？

この2国の正式国名は「中華人民共和国」と「朝鮮民主主義人民共和国」。この国名のどこが日本製なのだろうか？

朝鮮民主主義人民共和国，これが北朝鮮の正式国名であることはご存じかと思う。「朝鮮」は，14世紀末の李王朝の成立後に，広く使われるようになった国号だが，**「民主主義」「人民」「共和国」**，意外に思われるが，実はこの3語は日本語，つまり日本人が作った言葉なのである。**和製漢語**という。北朝鮮を一党支配しているのは朝鮮労働党。この「**労働**」や，労働党が掲げる「社会主義」，これらも和製漢語だ。

中華人民共和国という国名も中華以外は和製漢語だ。発音は異なるが，北朝鮮や中国では多くの和製漢語が使われている。**国家**，**階級**，**共産主義**，**民主主義**，**軍国主義**，**独裁**，**闘争**，**解放**，**革命**，**思想**，**支配**，北朝鮮や中国の指導者はこのような言葉をよく使うが，すべて和製漢語だ。中国では，政治に関する言葉以外でも右のページに列挙したように多くの和製漢語が常用語として中国語の中に定着している。かつて日本の侵略を受け，反日感情の強い国で，なぜこれほど和製漢語が使われるのだろうか。

まず，これらの和製漢語はいつ頃どのような経緯で作られた言葉なのかを知らねばならない。明治維新後の日本は西洋文明を積極的に取り入れることによって文明開化を進めるが，西洋の近代科学や近代哲

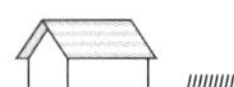

学は，従来の日本語や漢語では的確にその概念を説明することができなかった。そこで，当時の日本人はpeopleを「人民」，republicを「共和国」というように漢字を組み合わせて様々な熟語を新しく創作したのである。

日本が飛躍的な近代化を遂げると，そんな日本に学ぼうと，やがて隣国の中国や朝鮮から多くの留学生が日本に派遣されるようになる。彼らは日本で多くの知識や技術を吸収し，帰国後，それらを本国に普及させるのだが，日本がそうであったように，当時の中国や朝鮮にも西洋文明の事物や概念を翻訳する適切な語彙がなかった。そのため，彼らは日本で学ぶ中で知った和製漢語をそのまま自国でも使用した。和製漢語は見た目は同じ漢字であり，使われている漢字から意味も正しく伝えることができたのだ。

今の中国には，1000以上の和製漢語が常用語として中国語の中に定着しており，多くの人がそれらを日本語由来とは知らずにごく自然に使っている。なお，**中華民国**や**大韓民国**の国名に使われている「**民国**」という言葉は，republicの中国語訳の漢語であり，和製漢語である「共和国」に当たる。

おもな和製漢語（前述の政治関連以外）

経済	財政	資本	投資	工業	商業	企業	金融	通貨	証券
	消費	供給	経費	独占	景気	市場	不景気	不動産	
学問	科学	化学	医学	数学	試験	定義	仮説	法則	理論
文化	技術	機械	建築	電力	交通	鉄道	電車	電話	冷蔵庫
	新聞	放送	出版	劇場	歌劇	芸術	展覧会	図書館	
軍事	作戦	戦線	基地	偵察	動員	冷戦	停戦	突撃	侵略
その他	人権	特権	民族	肯定	否定	提案	評価	命令	指導
	偏見	意思	運動	活動	計画	義務	希望	恋愛	失恋

モンゴルには，ジンギスカン料理がないってホント？

モンゴル料理ではないのにジンギスカンと呼ぶのはなぜ？　ジンギスカン料理は，いつ，どこで，どのように誕生したのだろうか？

ジンギスカンと呼ばれる焼き肉料理は，実は日本が発祥である。モンゴル出身の第69代横綱白鵬は，日本に来るまでジンギスカンという料理を知らず，21歳で初優勝したときに祝いの席で初めてジンギスカン料理を食べたという。6人前の肉をペロリと平らげ，初体験のジンギスカン料理にすっかり満悦したそうだ。

ジンギスカンという料理の名は，もちろんあのモンゴルの英雄ジンギスカン（チンギス・ハン）に由来し，彼が活躍していた時代，モンゴル軍の兵士たちが陣中食として羊肉を鉄兜に載せて焼いて食べていたことが，ジンギスカン料理の起源であるという説がある。筆者もこの説をすっかり信じていたのだが，実はこの説は誤りだ。

そもそもモンゴルには日本のように鉄板や網で肉を焼いて食べる習慣がない。モンゴルでは，古くから羊の遊牧が盛んであり，モンゴル人は今も昔も羊肉をよく食べる。ただ，彼らの伝統的な羊肉の調理法は骨付きのブロック肉を塩で煮込むシンプルなもので，チャンサンマハと呼ばれる料理である。他には，羊肉を缶に入れて蒸し焼きにしたり，スープにしたりする料理があるが，モンゴルにはジンギスカンのような焼き肉料理はないのだ。

それでは，ジンギスカン料理はいつどこで生まれたのだろうか。

戦前の日本人は羊肉をほとんど食べなかったが，大正の頃，牧羊が盛んだった北海道では羊肉を使った料理が広まっていた。その頃，すでにジンギスカンと呼ばれる焼き肉料理を食べさせる飲食店があったという。ただし，この焼き肉料理の起源はモンゴルではなく，北京の伝統料理である**烤羊肉**（カオヤンロウ）である。タレに漬けた羊肉のスライスをタマネギなどの野菜と一緒に焼く料理だ。これを日本人の好みに合うようにアレンジした焼き肉料理を，羊肉といえばモンゴルのイメージであるところから「ジンギスカン」と名付けられたらしい。

そして，戦後の食糧難の時代に他の肉類に比べ安価な羊肉が見直され，昭和30年頃，今では見慣れた中央が盛り上がったジンギスカン鍋が使われるようになり，さらにジンギスカン用のたれが販売されるようになると，ジンギスカン料理は北海道全域，さらに全国に広まる。

とりわけ北海道では，ジンギスカンは道民のソウルフードであり，家庭料理としてはもちろん，春のお花見や夏のキャンプなどアウトドアの定番となっている。道内のスーパーやホームセンターでは，使い捨てができるアルミ製の簡易ジンギスカン鍋が200円ほどで販売されており，焼き肉店にあるような鋳物製の鍋がなくても，人々はどこでも手軽にジンギスカンを楽しんでいる。

ただ，白鵬と同じモンゴル出身の第68代横綱朝青龍は，知人からジンギスカンに誘われると「なんでジンギスカンが食い物の名前なんだ。不愉快だ」と機嫌を損ねたという。モンゴル人にとってのジンギスカンは，英雄であり日本の天皇のように神聖な存在である。その名を料理の名前につけることを不快に思うモンゴル人は他にもおり，日本人はそのことを知っておかねばならない。

大相撲，モンゴル出身の力士が強いのはなぜ？

白鵬45回，朝青龍25回，日馬富士9回，照ノ富士8回，鶴竜6回，2000年以降の優勝回数の上位の力士はすべてモンゴル出身だ。

日本の国技である**大相撲**の世界もグローバル化が進んでいる。その先駆けとなったのは，昭和から平成にかけて活躍した高見山や曙(あけぼの)などのハワイ出身の力士だが，その後の外国人力士の出身国を見ると，実に20ヵ国以上，スリランカや南太平洋のトンガや西サモア出身の力士もいる。中でも最多はモンゴル出身の力士で70人を超える。

そして，彼らの活躍は相撲ファンならずとも誰もが知るところだ。2002年に朝青龍が初優勝し，その後の約20年間にモンゴル勢の優勝は99回，その間の日本人力士の優勝回数22回を圧倒している。大相撲最高位の横綱に就いたモンゴル出身力士も朝青龍から照ノ富士まで5人，その間の日本人横綱は稀勢の里たった1人だ。

相撲界では十両に昇進して初めて関取と呼ばれ，力士として一人前に扱われるのだが，関取になれるのは10人に1人といわれる狭き門だ。しかし，モンゴル出身の力士のうち，現在まで38人が十両以上に昇進しており，その昇進率は5割を超える。

なぜ，これほどモンゴル力士が強いのだろうか。まず考えられるのは，モンゴルには日本の相撲とよく似た「**ブフ**」という国民に絶大な人気を誇る格闘技があることだ。近年の日本では，少子化やスポーツ

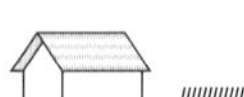

の多様化などの影響で相撲の競技人口が大きく減り，社会人や学生などのアマチュア相撲の競技者はわずか4700人ほどにすぎない。しかし，モンゴルでは大きなブフの大会には6000人を超える競技者が参加する。モンゴルの人口は約320万人，日本の40分の1ほどだが，都市や田舎を問わず，子どもも大人もサッカーではなくブフに興じる。ブフの競技人口は日本の相撲人口を大きく上回っている。

ブフと日本の相撲との技の違いも興味深い。日本の相撲は押すことが基本だが，ブフには土俵がなく，相手の身体を地面に付けることで勝負が決まり，手技，足技，腰を使った技など多様な技がある。モンゴル人力士が組むと強さを発揮するのはそのためだ。

モンゴル人力士のメンタルの強さもしばしば取り上げられる。彼らが言葉もわからない日本へやって来て厳しい稽古に耐え，横綱を目指すのは，強くなって家族のためにお金を稼ぎたいという強い意志を持っているからだ。引退前の白鵬は約3億5000万円の年収があったという。首都ウランバートルに住むモンゴル人労働者の平均給与は月に5万円ほど，日本では十両に昇進すると給与は108万，大相撲の世界は彼らにとってジャパンドリームなのだ。

相撲関係者の中には，モンゴル人は子どもの頃から馬に乗るので，身体能力が優れているという人がいる。確かに，モンゴル人力士の筋力や敏捷(びんしょう)性には目を見張るものがある。しかし，モンゴル人なら誰でも身体能力が高いわけではない。身体能力の高い者が日本へ来るのだ。モンゴルでは大相撲のテレビ中継もあり，相撲人気が高い。日本へ行きたいという若者は大勢いるが，外国人には入門制限があり，実際に日本に渡って入門が叶うのは年間わずか数人にすぎない。しかし，その数人は，心技とも選び抜かれたモンゴルのトップレベルの若者だ。強くなるのは当然である。

財布を持たない中国人，その意外な事情とは？

中国では，買物をするときの必須アイテムはスマホ，現金で支払う人は少ないという。中国はなぜスマホ大国になったのだろう？

スマートフォンをかざし，QRコードを読み取るだけで簡単に支払いができるキャッシュレス決済，いわゆる**スマホ決済**の利用が日本でも急速に広まっている。2022年にＭＭＤ研究所が実施した調査では，支払いにスマホ決済を利用する人は44％に達したという。しかし，お隣の中国では，スマホ決済の普及率は成人の98％，日本では，スマホ決済を利用する人でも現金で支払うことがあるが，中国では普段の支払いはすべてスマホ決済であり，財布を持たないという人が多い。

コンビニやスーパーなどでのショッピングやレストランでの飲食代はもちろん，地下鉄やタクシーなどの乗車賃，水道やガスなどの公共料金や医療費の支払い，さらに北京など都市部では，街中の屋台や露店もスマホ決済に対応しており，スマホで支払いができないシーンはほとんどないという。中国では，スマホ決済は日常生活に必要不可欠なインフラとなっている。

日本や欧米の先進諸国を上回る勢いで，中国でここまでスマホ決済が拡大したのにはどのような背景や事情があるのだろうか。

第一に，中国国内のIT産業の急成長と技術革新が挙げられる。中

国のスマホ決済市場は，阿里巴巴（アリババ）社のAlipayと騰訊（テンセント）社のWeChat Payがシェアを二分しているが，この2社が2000年代以降に新たな技術やプログラムを開発し，中国のスマホ決済サービスを牽引している。

さらに，中国は世界の7割のスマホを生産し，中国国内のスマホ普及率（2021年）が世界トップレベルの83%（日本は64%）に達していることも大きな要因だ。

なお，中国はクレジットカードやプリペイドカードなどカード類の普及率が日本や欧米諸国よりかなり低く，これも中国でスマホ決済が普及した背景として考えられる。

あともう一つ，ひょっとしてこれがスマホ決済が拡大した最大の理由ではないかと思われる意外な事情が中国にはある。それは偽札の横行である。かつて筆者はある途上国のレストランで，支払いに古いシワシワの紙幣を差し出したところ，偽札を疑われ受け取ってもらえなかった経験があるが，世界には偽札に悩まされている国は多い。中国の場合も，偽札は大きな社会問題である。

世界最高水準の技術で紙幣を印刷する日本では，偽札が発見されることは稀である。また，日本では偽札を発見した場合は，届け出ると真札と交換してくれるが，中国では，偽札を警察や銀行に届け出ても，真札と交換してくれない。そのため，発見されてもその偽札はどこへも届けられず，結局また使われてしまう。銀行のATMから出てきたのが偽札で，そのことを銀行に訴えても証拠があるのかと相手にされなかったという話があるくらいだ。

100元（約1600円）が最高額で，中国には高額紙幣がないのも偽札防止のためだという。中国の人々が現金よりもスマホ決済に頼るのは，紙幣が信用されていないことも一因のようだ。

中国では，イノシシの肉を使うのが，肉料理の定番ってどういうこと？

中国では汽車が高速道路を走る。中国では手紙でお尻を拭く。中国では20歳の老婆がいる。これって一体どういうこと？

P. 16に続いて漢字にまつわる話題である。筆者が上海のホテルに宿泊した際，こんなことがあった。朝食時，旅行者らしい日本人が「おっ，このソーセージはイノシシの肉だ」と驚いていた。彼はビュッフェコーナーの「猪肉」という説明書きを読んだのだ。しかし，実はこの“**猪**”という漢字はイノシシのことではない。ブタのことだ。中国では肉料理といえば豚肉が基本だが，ブタを表わすのに“豚”という漢字は使わず，“猪”という漢字を使う。中華料理の定番の一つに酢豚があるが，これは日本で付けられた名称で，中国では古老肉（クーラオロウ）または糖醋猪肉（タンツージューロォ）という。

このように同じ漢字を使っても，日本と中国では意味が異なる場合は他にもある。例えば「汽車が高速道路を走っている」と聞くと，「エッ！どういうこと？」と日本人は驚くが，**汽車**とは中国では自動車のこと，汽車は中国では**火車**という。漢字は中国で生まれた文字であり，日本と中国には漢字で書くと共通する言葉は数多い。しかし，本来，日本語と中国語は異なる言語であり，日本人が日本語の先入観を持ってしまうと猪肉や汽車のような勘違いが生じるのだ。他にも，同じ漢字であっても日本語とまったく違った意味になる言葉として次のよう

な例がある。

【湯】 中国語ではスープのこと。日本のホテルの浴場で「男湯」「女湯」と書かれたのれんを見た中国人が面食らったとか……

【鮭】 日本ではサケだが中国ではフグのことである。同じ漢字でも中国では日本と違う魚を表わすものが多い。“鮎”はアユではなくナマズ，“鮪”はマグロではなくチョウザメ，“鰹”はカツオではなく雷魚のことである。

【床】 ベッドのこと。大床はダブルベッド。双床はツインベッド。

【走】 走るのではなく歩くという意味。走るは“跑(パオ)”。

【手紙】 トイレットペーパーのこと。手紙は“信”。

【娘】 女の子の意味ではなく，お母さんのこと。

【愛人】 配偶者つまり妻や夫のこと。日本語の愛人は“情人”。

【老婆】 妻のこと。どんなに若い妻でも老婆だ。

【丈夫】 夫のこと。しかし，“大丈夫”は一人前の男の意味。

【勉強】 無理やり，強制という意味。“学習”は日中で同じ意味。

【調理】 動物や子どもをしつけること。

【挨拶】 拷問という意味。中国では挨拶をされたい人などいない。

また，日本ではアメリカを漢字で米国と表すが，中国では**美国**，フランスを**法国**，ドイツを**德国**と表記する。イギリスは日本と同じ**英国**だ。ただ，日本ではこのような外国名の漢字表記は明治以前に定まったもので，現在はカタカナで表わすのが一般的だ。しかし，中国では**沙特阿拉伯**（サウジアラビア）や**牙买加**（ジャマイカ）など国名はもちろんのこと，**比尔・盖茨**（ビル・ゲイツ），**普京**（プーチン）などの人名，さらに**麦当劳**（マクドナルド），**雅虎**（Yahoo!）など外来語であってもすべて漢字を当てるのが原則だ。新しい漢字表記が必要な言葉が生じた場合は，中国の国営通信社である新華社が決める。

チベットに今なお残る「一妻多夫制」の風習とは?

中国奥地のチベットの寒村に，なぜ一妻多夫制という特殊な婚姻形態が生まれたのだろうか。

イスラム諸国や中南アフリカの国々で見られる一夫多妻制に対し，ヒマラヤ山麓の**チベット**にはそれとは真逆の**一妻多夫制**の風習が残る地域がある。一妻多夫制とは，文字通り1人の妻が複数の男性を夫にするということだ。ただ，チベットの場合の複数の男性とは兄と弟，つまり血のつながる兄弟であり，このような婚姻形態は「**一妻兄弟婚**」とも呼ばれる。日本や欧米の人々には理解しがたいが，兄弟が同じ1人の女性を妻として共有し，同じ家で暮らすわけだ。

なぜ，チベットにこのような婚姻形態が生まれたのだろうか。

最大の理由は，家産の分割を防止するためだ。チベット社会では，家や土地などの資産は親から子へ受け継がれるが，日本のような長子相続の慣行はない。しかし，標高が4000 mを超える寒冷の高原や山岳地帯では耕地が限定され，兄弟が多いと親には彼らに家産を分割して与えるゆとりがない。そこで，兄弟が結婚してそれぞれが独立することを避け，彼らは同じ女性と結婚して同じ家に暮らす婚姻形態をとるようになった。

労働の分担にも都合がいい。チベットでも山間部の半農半牧の地域に一妻多夫の割合が高い。農業だけでは生活することができないため，

男たちは村を離れて遊牧や行商に出ることが多いが，その場合，兄弟の1人が長期不在となっても，他の兄弟が妻と共に家と土地を守ることができるのだ。

産児制限の効果もある。夫が何人いようと1人の妻が妊娠できる回数には限りがあるからだ。

現在，日本はもちろん世界の多くの国々では，一夫一婦がごく当たり前であり，一夫多妻や一妻多夫のような複婚は否定されている。しかし，チベットでは家族の精神的な結びつきが強く，兄弟は同じ骨と心を持つ一体であり，結婚はその一体である兄弟が1人の女性を妻として娶ることと考えられている。それでは，生まれた子どもの父親は誰なのか。当然，そのような疑問が生じるが，妻にとって男たちみんなが夫であるように，子どもたちも実父や叔父の区別などはせず，みんなが「お父さん」なのだ。

なお，チベットと同様に兄弟で1人の妻を共有する一妻多夫制はチベットに近いネパールやブータンの一部地域にも見られる。

これらの地域では，跡取りや労働力として男子が重要視され，かつては女児の間引きの風習があり，男女の比率がアンバランスになっていたということも，一妻多夫制の風習の背景にあるようだ。

ちなみに，現在の中国の法律は，一夫一婦の婚姻を定めており，一妻多夫を認めていない。しかし，これは筆者がチベット北方の新疆（シンチャン）省で現地のウイグル人から聞いた話だが，チベットには一妻多夫の家庭が今も存在するという。

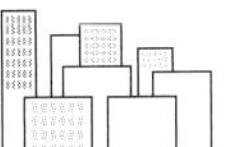

台湾では，コンビニのレシートを捨ててはいけない。それはなぜ？

台湾のレシートには日本では考えられないある特典が付く。4000万円の夢を孕んだその特典とは？

台湾へ旅行したことがある人ならご存知かと思うが，コンビニや土産店などで買物をすると，日本と同じように必ずレシートが手渡される。筆者もそうだったが，日本人はついこのレシートをゴミ箱に捨ててしまう。しかし，台湾の人はもらったレシートは絶対に捨てたりはしない。彼らは必ず大事に保管しておく。なぜなら，台湾のレシートはただのレシートではないからだ。

台湾では，驚くことにレシートが**宝くじ**になっているのだ。レシートには，下のような8ケタの数字が記載されているが，この数字が抽選番号になっている。2ヵ月に1度，奇数月の25日に前月と前々月分の当選番号が発表される。賞金は9段階あり，すべて政府が支払い，最高額は特別賞の1000万元（約4000万円），最低は6等の200元（約800円）である。4000万円を手にする幸運な人が年間150人ほどいる

7-ELEVEN
電子發票證明聯
112年-03-04月
AG-21250811
2023-4-15 15:25:20

レシートのイメージ

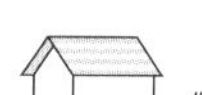

という。

なお，10元の買物でも1万元の買物でももらえるレシートは1枚，高額のレシートだからといって抽選が有利になることはない。そのため，まとめ買いをせず，少額に分けて買物の回数を増やして多くのレシートを集めるのが高額賞金をゲットする秘訣だそうだ。

台湾でこのレシート宝くじが始まったのは，もう70年以上も前，1951年のことだ。目的は徴税対策である。台湾には日本の消費税に相当する営業税という税があるが，当時，事業者は売り上げを自主申告するだけでよかったので，申告をごまかして脱税する者が多かった。そこで，政府は通し番号を付けたレシートの発行を事業者に義務づけて不正申告の防止を図ろうとしたのだ。

しかし，当時，消費者にはレシートを受け取るという習慣がなかったため，それだけでは事業者がレシートの発行を怠り，売り上げを過少に申告して脱税してしまう恐れがある。不正を防ぐには，レシートが確実に発行されなければならない。

そこで考案されたのがレシートに通し番号をつけて宝くじにすることだ。レシートがそのまま宝くじになるとなれば，消費者は当然レシートを要求するため，事業者はレシートを発行せざるを得ない。その結果，脱税は減少し，営業税の収入が倍増したという。台湾のレシート宝くじは，政府にとっては税収が増え，事業者は経理が合理化され，消費者は宝くじの楽しみがあるまさに三方良しの制度である。

ちなみに左のレシートの「112年」というのは，日本の元号「令和」のように台湾だけで使われている「民国起源」という紀年法による年号である。辛亥革命によって中華民国が樹立した1912年を元年とし，中華民国暦ともいう。台湾政府は，現在も継続して「中華民国」の国号を用いている。

10 フィリピンで，クリスマスがハロウィンより早くやってくるのはなぜ？

ハロウィンは10月，クリスマスは12月，しかし，フィリピンでは9月になればもうクリスマスシーズンの到来だ。

フィリピンにはスペイン語訛りの「**ベル・マンツ（ber months）**」という言葉ある。末尾に“ber”が付くmonth（月）という意味で，September（9月），October（10月），November（11月），December（12月）を指し，この4ヵ月がフィリピンのクリスマスシーズンであり，人々は「ベル・マンツ」と呼んでいる。

国民の9割以上をキリスト教徒が占めるフィリピンでは，クリスマスは1年の中でもっとも大切なイベントであり，4ヵ月続くベル・マンツは世界で一番長いクリスマスといわれる。

9月になると，街はクリスマスツリーやイルミネーションで飾られ，クリスマスソングが流れて，クリスマス商品が売られ始める。都会や田舎，貧富の差に関係なく，どこの家庭でも必ずツリーが飾られる。

10月には，ショッピングモールやデパートの商品が一時的にハロウィン関連に切り替わるが，ハロウィンが終わるとまたクリスマス商品が並ぶ。

11月は，各職場で「13ヵ月手当」と呼ばれるボーナスが支給される。毎月の給料とは別に1ヵ月分の特別給与がもらえ，人々はこのお金でクリスマスを楽しく過ごす。

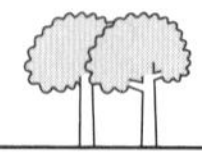

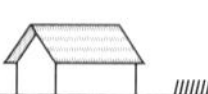

12月になると週末はクリスマスパーティーだ。職場の同僚と，気の合う友人たちと，親しい親戚や家族と，日本の忘年会のようなものだが，役所でさえ「今日はクリスマスパーティーなので」と早く閉まってしまうらしい。

クリスマスプレゼントの交換が盛んなこともフィリピンのクリスマスの特徴だ。クリスマスプレゼントというと日本では子どもたちがもらうものだが，フィリピンでは大人たちもプレゼントを贈り合う。取引先や同僚，友人などに日頃の感謝の気持ちを示すためにプレゼントを渡すのだ。もちろん，子どもたちもクリスマスプレゼントは大きな楽しみだが，フィリピンではサンタクロースが夜中にこっそりプレゼントを置くのではなく，両親や親戚のおじさんやおばさんが直接子どもに手渡すのが習慣だ。

そして，**クリスマス当日**。12月25日は祝日だが，前日までパーティーやプレゼントで大盛り上がりだったのがウソのように，この日は人々は教会へ行って，あとは自宅で家族だけで食卓を囲み，静かに過ごす。日本のように恋人と過ごしたりはしない。

さらに年が明けて１月になっても，ツリーはまだ飾ったままでクリスマスの余韻が続き，バレンタインの準備が始まるとようやく長かったクリスマスが終わる。

なお，ベル・マンツつまりクリスマスシーズンには，人々の気持ちが高まって，誰もがお金をよく使い，お金が必要となる時期でもある。そのため，治安が悪くなり，スリや強盗などの犯罪が増えるという。フィリピンに旅行へ出かける場合はクリスマスシーズンを避けた方がよい。

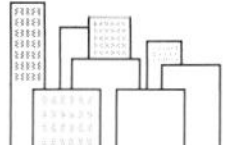

11

ベトナムが世界第2位のコーヒー大国というのはホント?

ベトナムのコーヒー生産高・輸出量はブラジルに次ぐ世界2位，日本で消費されるコーヒー豆もその2割がベトナム産である。

1位**ブルーマウンテン**，2位**キリマンジャロ**，3位**モカ**，4位**コロンビア**，5位**グアテマラ**，6位**コナ**，7位**マンデリン**，8位**ブラジル**，日本人が好きなコーヒー銘柄のランキングである。しかし，ここに世界第2位のコーヒー大国であるベトナム産の銘柄がない。なぜなら，これらの人気コーヒーは，すべて**アラビカ種**と呼ばれる品種なのだが，アラビカ種はベトナムではほとんど栽培されていないからである。アラビカ種はエチオピアが原産地で，世界のコーヒー生産の約2/3を占めるが，霜や乾燥，病害虫などに弱く，生産地は標高1000～2000mの熱帯高地に限られているため，高温多湿のベトナムはその栽培には適さないのだ。

ベトナムで栽培が盛んなのはアフリカのコンゴ盆地を原産地とする**ロブスタ種**である。ロブスタ種は病害虫に強く，高温多湿の環境にも適応し，低地での栽培が可能であり，ベトナムが世界最大の産地となっている。

ただ，アラビカ種は，栽培条件は厳しくても，風味と味わいに優れ，世界のコーヒー消費の主流であるのに対し，ロブスタ種は栽培しやすい半面，コーヒー独特の風味や香りが弱く，苦味や渋みが強いため，

レギュラーコーヒーとしては評価が低い。おそらく，ロブスタ種の豆をそのままブラックで飲んでも多くの人はコーヒーらしい旨さを感じないだろう。

ロブスタ種のコーヒーはどのように飲まれているのだろうか。薄いコーヒーを好むアメリカの人々は，アラビカ種とブレンドし，いわゆるアメリカンコーヒーとして飲んでいる。ミルクを加えてカフェオレやアイスコーヒーとして飲む場合にもロブスタ種は適している。しかし，ロブスタ種の最大の用途は，実はインスタントコーヒーや缶コーヒーである。我々日本人が愛飲してるインスタントコーヒーや缶コーヒーの原料が，ベトナム産のロブスタ種のコーヒー豆なのだ。

ベトナムのコーヒー栽培は，17～18世紀頃に始まる。キリスト教の宣教師が伝えたという。19世紀にフランスの植民地になると，コーヒーのプランテーションが形成され，商業的なコーヒー栽培が始まる。そして，独立後もコーヒー栽培は続けられていたのだが，ベトナム戦争終了後に大きな転機が訪れた。

日本では「ネスカフェ」のブランドで知られるスイスの世界的食品会社ネスレがベトナムのロブスタ種のコーヒーに着目する。1990年代に指導員を派遣して栽培技術や近代的な農法を現地の農家に直接指導し，収穫された生豆を買い取ってインスタントコーヒーに加工するシステムを構築すると，ベトナムのコーヒー生産は飛躍的に増大する。さらに，国内にもコーヒー加工に参入する企業が増え，ベトナムのコーヒー生産はさらに伸長を遂げて，2000年代に入ってからは生産量・輸出量ともブラジルに次ぐ世界第2位の地位を不動にしている。

ただ，国民1人当たりのコーヒー消費量は，ASEAN諸国ではもっとも多いが，まだ日本の半分ほど，ブラジルの1/4ほどだ。

12 タイにニューハーフの男性が多いのはなぜ？

人口6700万人のタイには約30万人のニューハーフ（レディーボーイ）がいるという。これは正規のタイ陸軍25万人を上回る数だ。

ニューハーフとは，「女装した男性，または女性への性転換者」。国語辞典にはこのように説明されている。このニューハーフという言葉は，実は和製英語である。英語ではシーメール（shemale），**タイ**では**レディーボーイ**（ladyboy）と呼ばれ，男100人に1人の割合でレディーボーイがいるという。なぜタイにはそのようにレディーボーイが多いのだろうか。

もっともよくいわれるのは，レディーボーイになれば兵役を逃れることができるという理由だ。タイでは21歳になると男子は徴兵検査を受けなければならず，そこでくじを引き，当たった者が軍に入隊する。兵役は2年間だが，訓練は厳しく，給与が低いため，兵役を逃れたいと願う若者が多い。レディーボーイだからといって兵役が免除されるわけではなく，戸籍上の性別が男である限り，彼らも徴兵検査を受けなくてはならない。しかし，レディーボーイは「勇敢な兵士になれそうにない。軍の風紀が乱れる恐れがある」などの理由から不合格になることが多いそうだ。

農村社会の貧困も背景にある。観光大国のタイでは風俗産業は重要な産業の一つだが，そこには一攫千金のチャンスがあり，そこで働く

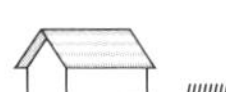

レディーボーイの中には一般的なタイ人の給与の数十倍を稼ぐ者がいる。また，農村の貧困家庭には，男の子が生まれると小さい頃から女の子として育て，成長すると風俗関係の職業に就かせてお金を稼がせようとする親もいるという。

仏教国タイの僧侶社会の特殊性もしばしば指摘される。タイでは，男子は一生のうちに一度は出家し，僧侶の生活を経験する慣習があり，出家する若者が多い。しかし，そこは戒律が厳しい男社会であり，僧侶は女性に触れることは許されない。そんな環境の中から第三の性に目覚める者が現れるらしい。

しかし，これらの事情は，少なからずタイの周辺諸国でも見られることだ。結局のところ，これらは一因かもしれないが，なぜタイにはレディーボーイが多いのか，タイの人でもはっきりとはわからないそうだ。

ただ，タイはレディーボーイのようなLGBT（性的少数者）に対して寛容な国だといわれている。日本では，ニューハーフたちは周囲から奇異の目で見られがちで，彼ら（彼女ら？）の職業はほとんど夜の接客業に限られている。もちろん，タイのレディ—ボーイもそのような職業に就くことは多いが，普通に社会に溶け込み，デパートやホテル，空港などで違和感なく働いている人もいる。偏見や差別がまったくないわけではないが，この国にはレディーボーイであることを隠さずオープンにできる雰囲気がある。

そして，それらを後押ししているのが，この国の医療環境だ。性転換手術をする人が多いため，専門の病院や医師が多く，術数を重ねているので技術レベルも高い。先進国と比較して手術費が安いため，海外からも手術を受けに来る人も多い。ちなみに，タイで性転換手術を受ける外国人でもっとも多いのは日本人だそうだ。

ビルマがミャンマーに国名を変えたのはなぜ？

かつてはビルマ王国，独立後はビルマ連邦，長くビルマと呼ばれていたこの国の名が突然ミャンマーに……。一体なぜ？

1988年のクーデターによって政権を奪取した軍事政権は，その翌年，突然，自国の国名を「**ビルマ（Burma）**」から「**ミャンマー（Myanmar）**」へ変更することを宣言した。その理由を「ビルマという国名はビルマ族の国を意味するが，この国にはビルマ族以外にも多くの少数民族が暮らしており，国名には国民全体を意味するミャンマーの方がふさわしい」と説明した。一見，もっともな理由のように聞こえる。しかし，軍事政権のこの説明には歴史的な根拠は何もない。ビルマとミャンマーは，本来はどちらもビルマ族に対する呼称であり，少数民族は含まれないのだ。語源も同じであり，12世紀頃の碑文に残る記録の中でこの地域を指す「ムランマー」が転訛して，ビルマやミャンマーという言葉になったとされている。

二つの言葉の違いは，「ビルマ」が口語（話し言葉），「ミャンマー」が文語（書き言葉）であり，数百年間，この国の人々は両方の呼称を自然に使い分けてきた。国際社会では，対外的な呼称としてビルマの英語表記である「**バーマ（Burma）**」を使用してきた。日本では江戸時代よりこの国をビルマと呼んでいるが，オランダ語の「ビルマ（Birma）」に由来する。

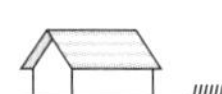

そのような歴史的経緯を無視し，軍事政権が強引に国名をミャンマーに変えたのはなぜだろうか。この国には，人口のおよそ7割を占めるビルマ族の他に100以上の少数民族が居住しており，自治権の拡大や独立を求めて反政府活動を続ける部族もいる。軍事政権としては，彼らの抵抗や不満を鎮めるため，こじつけの理由であっても国名を変えることによって諸民族が一体となった新時代の国家を目指すことをアピールしたかったのだろう。

もう一つ理由がある。軍事政権がビルマからミャンマーへの国名変更を宣言したのは，諸外国からその変更が受容されることによって，自分たちの政権がこの国の正式な政府であると国際社会からの認知を得ようと図ったのである。ただ，軍事政権を承認していないアメリカやイギリスは，その後もMyanmarではなく，Burmaをこの国の名称として使い続けている。

しかし，どのような理由であれ一国の政府が公的に宣言した以上，国際社会はそれに従わざるを得ない。現在では，日本を含めて多くの国がこの国をミャンマーと呼ぶようになった。

なお，軍事政権は国名変更と同時に当時の首都であるラングーン（Rangoon）を「**ヤンゴン**（Yangon）」，この国最大の河川であるイラワジ川（Irrawaddy）を「**エーヤワディー川**（Ayeyarwady）」に改称している。

また，2006年には，首都をヤンゴンから**ネピドー**に移転させた。ヤンゴンの人口が増大し，交通が混雑するなど過密化してきたため，近代的な新首都を建設する必要があったという理由だ。しかし，この首都移転も軍事政権の強化のためという見方がある。

14 マレーシアが「日本人が住みたい国」NO.1の理由とは？

シニア世代がのんびりと老後の年金生活を送る場としてマレーシアの人気が高い。マレーシアとはどのような国だろうか？

近年続いたコロナのパンデミックの影響で，海外在留邦人の帰国が相次いだ中，2021年のマレーシアの在留邦人は約3.7万人，前年度より16％も増えた。右のランキングは一般財団法人ロングステイ財団が2019年に実施した「**日本人が住みたい国**」の調査のトップ10だが，アメリカ本土がランク外となり，**マレーシア**が14年連続でトップの座を占めている。とりわけ，シニア世代の老後の移住先としてマレーシアの人気が高い。なぜ，この国は日本人が暮らしやすいのだろうか。次のような理由が考えられる。

日本人が住みたい国ランキング（2019）

① マレーシア
② タイ
③ ハワイ
④ フィリピン
⑤ 台湾
⑥ オーストラリア
⑦ インドネシア
⑧ ベトナム
⑨ シンガポール
⑩ カナダ

その1　常夏の気候

熱帯なので一年中気温は高いが，日本の夏より湿度は低く，過ごしやすい。衣服費が抑えられ，花粉が飛ばないのもメリットだ。

その2　物価が安い

物価は日本の1/3～2/3ほどで，夫婦2人で生活するのであれば，月に日本円にして15万円～30万円くらいあれば不自由なく生活できるという。

その3　広く快適な住居

日本人が住むのは，24時間警備員がいるセキュリティがしっかりした外国人向けのコンドミニアムが一般的だ。ジムやプールがあり，コンビニが併設されているのが基本で，月4～12万円ほどで入居できる。120m^{2}の3LDKなら10万円ほどだ。

その4　インフラが整備されている

鉄道やバスなど公共交通が充実していて料金も安い。電気・ガス・水道，教育・医療機関などもまず不安がない。

その5　長期滞在ビザが取得できる

マレーシア政府は，移住希望の外国人のため，「**MM2H**（Malaysia My Second Home）」という長期滞在ビザを発行している。一定額の収入があり，現地金融機関に預金をすることによって取得できる。

マレーシアが暮らしやすい理由として，治安が良いということが挙げられることもある。ただし，これは近隣の東南アジア諸国との比較であって，マレーシアは夜間でも女性が外出できる日本ほど治安が行き届いているわけではない。ひったくりなどの軽犯罪も多い。

また，イスラム国家であるため，酒類には高い関税がかかり，酒好きの人にはこの国は暮らしにくい。日本のように，春の桜や秋の紅葉など四季の移ろいを楽しむことができない。メリットばかりではなく，デメリットがあることもしっかり認識しておかねばならない。

なお，2021年にマレーシア政府はMM2H取得のための要件である収入額や預金額を大幅に引き上げた。移住先としての人気は高いが，今後はマレーシアへの移住が厳しくなりそうだ。

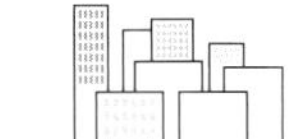

シンガポールでは植木鉢の受け皿に水が溜まったままだと，なぜ罰金？

シンガポールには「Fine City」という別称がある。直訳すると「美しい都市」だが，実はこの別称にはもう一つ違った意味がある。

シンガポールは，国内にチューインガムを持ち込んだり，道路にゴミをポイ捨て，痰や唾を吐いたりすると，高額の罰金が科せられる国であることはよく知られている。上記の「Fine」のもう一つの意味とは「罰金を科する」，つまり「Fine City」は**罰金都市**でもあるのだ。

他には，横断歩道や歩道橋から50m以内の場所で道路を横断すると50ドル，電車内で飲食，公園で野鳥への餌やり，公衆トイレで使用後に水を流さなかった場合は1000ドル，路上でダンスなど無許可のパフォーマンスをすると5000ドル，とにかく，規制の厳しさは半端じゃなく，違反者には高額の罰金が科せられる。

ただ，罰金はなくても道路に痰を吐いたり，ところかまわずに道路を横断，ましてトイレで水を流さないのは日本でも非常識であり，許されない行為だ。しかし，植木鉢の受け皿に水が溜まったままにしておくと最高1万ドルの罰金，日本ではあり得ないルールだ。これは，シンガポールではデング熱などの感染者が毎年数万人にのぼり，そのウイルスを媒介している蚊の発生源を絶つための策なのだ。自宅であっても無断で樹木を伐採することを禁止，これは住宅の樹木の管理も国の緑化政策の一環のためなのだが，それでも日本では考えられない

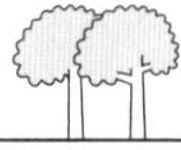

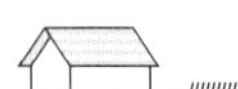

ルールだ。地下鉄を利用する場合，四つ目の駅までは40分以内に改札を出なければならない。こうなるともう日本人には理解しがたい。

「国民の私生活に干渉しすぎると批判されるがその通りだ。しかし，もし，政府がそれをしてこなければ今日の我が国の経済発展はあり得なかったであろう。何が正しいのかは政府が決める。国民がどう思うかは気にする必要はない」。建国以来，30年以上首相としてこの国を率いてきたリー・クアンユーの言葉である。

戦後，欧米の植民地から独立したアジアの国々の多くは多民族国家であり，言語，宗教，生活習慣の異なる多様な人々が混在し，どの国も国内に紛争の火種を抱えている。そのような状況の中で，民主主義を標榜して市民の自由を優先し，欧米風のマナーやモラルを説いていても国が崩壊してしまう。個人の自由や権利より社会の安定と秩序を重視し，厳しい規律を国民に守らせることによって国家の統一と発展が可能となる。リー・クアンユーはそのように考えたのだ。そして，彼のもくろみ通り，シンガポールの国民1人当たりGDPは2007年に初めて日本を上回り，2022年には日本の2.4倍，世界第6位の約8.3万ドル，もちろんアジアNo.1だ。

その一方，国民の自由などを評価する民主化度ランキングでは，シンガポールは世界203ヵ国中の第129位とかなり下位だ。また，罰金による規制のない公共の場で大きな声のスマホ通話，電車に乗る際には並ばずに後ろからの割り込み，デパートやショッピングモール内の食べ歩きなど，日本では「それはダメでしょう」と誰もが思う光景がこの国ではまだ当たり前に見られる。この国が管理や規制に頼る国から脱却し，民主国家へステージアップする日はまだ遠いのだろうか。

200年前,インドネシアで起きた史上最大の火山噴火とは?

新石器時代以降の人類が体験した最大の火山噴火となったインドネシアのタンボラ山の噴火とはどのようなものだったのだろうか。

ジャワ島より400kmほど東に,四国より少し小さなスンバワ島という島がある。1815年に起きたこの島の北部に位置する**タンボラ山**の大噴火は,史上最大規模そして世界史を変えたもっとも破壊的な火山噴火といわれている。その爆発規模は,79年にポンペイを消滅させたイタリアのヴェスヴィオ山の噴火の約20倍,1707年の富士山の宝永噴火の約200倍だという。

噴火で発生した火砕流は麓の村々をたちまち焼き尽くし,大津波が付近の島々を襲った。噴煙は成層圏に達し,半径1000kmの範囲には大量の軽石と火山灰が降り注ぎ,半径500kmの範囲は,噴火後の数日は昼も闇に覆われた。噴火は4月5日から11日まで続き,この噴火により,タンボラ山には直径6000m,深さ1100mの巨大カルデラが形成され,噴火前には約4000mあった山頂の標高が2850mに低下した。

火山活動は7月には終息したが,成層圏まで達した噴煙や火山灰は火山性エアロゾル(大気中に浮遊する微粒子)を生成し,その後,世界各地に異常気象をもたらした。エアロゾルは日射を遮り,翌1816年,欧米は近代史上もっとも寒い年となり「夏のない年」と呼ばれるほど

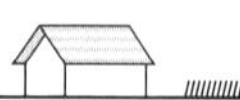

低温が続いた。アメリカでは，この年の夏は気温が平年より4℃も低かったという。

そんな異常気象の影響で世界各地では何が起こったのだろうか。ヨーロッパでは，低温や異常な多雨のために農作物が収穫できず，食糧難となって餓死者があふれ，コレラなどの伝染病が蔓延した。とくに寒冷化が深刻だったアイルランドでは，アメリカへの移民が急増し，そのアメリカでは，東海岸に7月でも雪が降るなど異常気象が続き，多くの人々がアメリカ国内でも比較的温暖な中西部や西部へ新たな居住地を求めて移住していった。

1815年6月，ナポレオンが率いるフランス軍がイギリスやプロイセンの連合軍と戦ったワーテルローの戦いの勝敗にも，この異常気象が関係している。戦いの前夜に降った異常な大雨によって地面のぬかるみがひどくなり，フランス軍は大砲を設置することができず，連合軍の奇襲攻撃を受けて敗れてしまったのだ。歴史に「たら・れば」は禁物だが，もしタンボラ山の大噴火がなければ，異常な豪雨がなければ，ナポレオンが勝利し，その後のヨーロッパの歴史が変わっていたかもしれない。

アジアへ目を向けると，1811年，イギリス軍はオランダ領のジャワ島を占拠し，この地にアジア進出の拠点を築こうとした。しかし，タンボラ山の噴火に伴い，ジャワ島も大きな被害を受けて荒廃したため，イギリスはジャワ進出を断念し，1819年，その代わりに新たな根拠地として獲得したのがシンガポールだった。タンボラ山の噴火がなく，もし，イギリスがジャワ島をアジア進出の拠点としていたならば，シンガポールの今日の繁栄はなかったかもしれない。

なお，タンボラ山の噴火に関連すると思われる異常気象は中国にも記録が残るが，なぜか日本には該当する記録が見当たらない。

インドネシアで大人気の「マサコ」「サオリ」「マユミ」。でも，これは女性の名ではない

「マサコ」「サオリ」「マユミ」と名付けたのは日本人だ。一体何に，何のためにこのような名を付けたのだろうか？

「**マサコ**」「**サオリ**」「**マユミ**」，日本の女性によく見られる名前だが，実は，これらは**インドネシア**の料理には欠かせない調味料の名である。これらはインドネシアでは炒め物やスープなどの家庭料理にはもちろん，一流レストランから街角の屋台まで，様々なところで多くの料理に幅広く使われている万能調味料である。そして，この調味料，実は日本を代表する食品企業である「味の素」が，インドネシア国内向けに開発し，現地の工場で生産し，販売している。

1980年代，インドネシアではヨーロッパ製の調味料が販売されていたが，購買層は都市部の一部の消費者に限られ，農村部の低所得の家庭には普及していなかった。そこで，味の素では，現地の人たちの協力を得て，どのような家庭でも手が届きやすい低価格の調味料の開発に取り組み，1989年，「**マサコ（Masako®）**」を生み出した。このユニークな商品名はインドネシア語で「料理を作る」を意味する言葉「Masak」に由来して名付けられ，現地語に日本らしさをミックスした親しみやすい名のこの調味料は，たちまち人気商品となり，全国に広まった。

もちろん，名前だけでヒットしたわけではない。マサコは，日本国

内で販売されている味の素の商品でいえば「ほんだし」にあたるグルタミン酸を主成分とする調味料だ。インドネシアの定番料理であるナシゴレン（焼き飯）やミーゴレン（焼きそば），スープの隠し味などあらゆる料理の味を引き立て，この国の人々に旨味と新しい味覚を広めた。昆布や鰹で出汁をとるわけではないこの国の人々は，どの料理にもドバっという感じで一度にけっこうな量のマサコを入れるという。

インドネシアはイスラム教徒が多いが，マサコがハラル認証を取得したことも成功の一因である。マサコがイスラム教の戒律に則って調理・製造されていることが証明され，安心・安全な商品としてインドネシアの人々の高い信頼を得た。

さらに，味の素はマサコに続いて，「**サオリ（Saori®）**」や「**マユミ（Mayumi®）**」というやはり日本女性の名前に因んだネーミングの調味料を開発した。サオリ（Saori）は照り焼きソース味の液体ソースで，この名は「sauce oriental」を短縮したものだ。マユミ（Mayumi）はマヨネーズ風の調味料で，「mayonnaise yummy」を短縮してネーミングしたものである。

なお，タイやカンボジアでは「ロッディー（Ros Dee®）」，ベトナムでは「アジゴン（Aji－ngon®）」，フィリピンでは「ポークサボール（PORKSAVOR®）」，ブラジルでは「サゾン（Sazón®）」など，味の素はインドネシア以外でも世界各国でその国の家庭料理に合わせた調味料を開発し販売している。

18 世界一たくさんコメを食べる国バングラデシュでコメ離れが推奨されているのはなぜ？

日本人１人が１日に食べるコメの量は147g。バングラデシュ人は日本人の3.3倍，１日に484gのコメを食べている。

バングラデシュの人口は1.69億人で日本の約1.3倍だが，面積は14.7万km^{2}で日本の４割に満たない。しかし，ガンジス川やブラマプトラ川という大河川のデルタ地帯に位置するバングラデシュは，国土の半分が農地，さらにその80%を水田が占めている。

熱帯モンスーン気候のバングラデシュでは，コメの**三期作**が行なわれている。雨季となる４～７月，雨季から乾季へ移る８～12月，乾季の1～５月と1年に3回，その時期の気象に適応した品種のコメを作付けしている。雨季には熱帯低気圧であるサイクロンが襲来するため，収穫は不安定だが，サイクロンの襲来がない乾季の1～５月に作付けされるコメは，灌漑設備の整備が進んだこともあって，生産が安定し，もっとも収穫量が大きい。

「50年前，この国は7000万人の国民を食べさせることができなかった。しかし，今は1億6900万人を食べさせることができている」。政府関係者はこのように語っている。かつてバングラデシュは世界の最貧国と呼ばれ，国民は飢餓に苦しんだが，その後，政府は「緑の革命」と呼ばれる農業生産の近代化を推し進め，コメの生産高は独立後の50年間で3倍以上に増大した。今ではコメの自給率100%をほぼ達

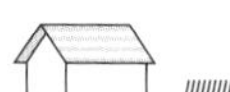

成し，その生産高は世界第３位である（2021年）。

そして，2020年のFAO（国連食糧農業機関）の発表による国民1人当たり1日のコメ消費量は484g，これは世界一だ。コンビニのおにぎりに換算すると10.8個，バングラデシュの人たちはとにかくコメをよく食べる。この国のコメは，日本人には馴染みの薄い長粒の**インディカ米**で，炊いても粘りはなく，パサパサとした食感だ。炊き方も日本と異なり，鍋にたっぷりの水を入れて沸騰させ，そこにコメを入れて炊きあげる。炊きあがったご飯を大皿に盛り，肉や野菜などの具材と一緒に食べる「トルカリ」というカレー料理がこの国のもっとも一般的な家庭料理だ。

しかし，近年，バングラデシュでは人々のコメ離れが進んでいるという。バングラデシュ統計局の調査によると，1990年代と比較すると，国民1人当たりのコメの消費量は8割ほどに減少している。とりわけ，富裕層や若年層のコメ離れが目立つ。原因について，この国の専門家は「国民の生活水準が向上し，主食より副食の消費が増えている」と分析している。しかし，「バングラデシュでは，現在もコメが国民のカロリー摂取の70%，タンパク質摂取の50%を占めている。肉や卵など他の食品の消費を増やし，食事を多様化させることは栄養面からも望ましいことだ」とコメ離れを推奨している。

国別１人１日当たりコメ消費量

①	バングラデシュ	484g	(10.8個)
②	カンボジア	450g	(10個)
③	ラオス	436g	(9.7個)
④	ベトナム	389g	(8.6個)
⑤	インドネシア	361g	(8個)
㊿	日本	147g	(3.3個)

※消費量には加工品も含む
（　）内はコンビニおにぎりに換算
〈資料:FAO 2020年発表〉

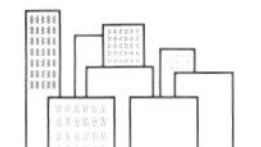

ネパールの国旗が四角形でないのはなぜ？

ネパールの国旗は世界で唯一四角形ではなく，三角を重ねたユニークな旗だ。この形にはどのような意味があるのだろうか？

右ページの左下が現在の**ネパール**国旗である。世界の国々の国旗のほとんどは長方形だが，ネパールの国旗は二つの三角を上下に重ねた不思議な形をしている。このデザインはペナント型の二つの三角旗を組み合わせたものだが，この旗からネパールの特殊な歴史を知ることができる。

まず，上の**中央に月を図案化した三角旗**は，1769年にネパールを統一したプリトビ・ナラヤン・シャハより始まるネパールの王室であったシャハ家のシンボル旗である。しかし，1846年にジャンガ・バハドゥール・ラナが宰相になって実権を握ると，王室を有名無実化させ，以後100年以上ラナ家の一族が宰相の地位を世襲し，絶対的権力を握り続ける。日本でいえば，将軍を傀儡（かいらい）化し，執権の地位を世襲して鎌倉幕府の実権を握り続けた北条一族のような存在だ。下の**太陽を図案化した三角旗**はそのラナ家のシンボル旗である。この二つの三角旗を組み合わせた国旗は，ラナ家が実権を握った1800年代より使われ始めた。

シャハ家とラナ家，どちらも三角旗を使用していたわけだが，ネパールやインドでは，近代に各地に盤踞（ばんきょ）していた藩王国や，ヒンドゥー

教や仏教の寺院では三角旗が使われていた。ヒンドゥー教では創造・維持・破壊を担うブラフマー・ビシュヌ・シヴァを三神，仏教では欲界・色界・無色界を三界，過去・現在・未来を三世と呼び，「三」は神秘性を秘めた数であり，三角旗はそれを象徴するものだった。

二つの三角旗を組み合わせた左下の旗は，1962年に正式にネパール国旗に制定される。ちなみ右下はそれまで使われていた国旗である。古い方の国旗の月と太陽にはそれぞれ顔が描かれていたが，新国旗ではなぜかそれが削除されてしまった。

なお，ネパールでは，2008年に240年続いた王政が廃止され，共和制が導入された。もはやシャハ家やラナ家が統治する国家ではなくなり，近年は国旗の解釈が変わってきている。筆者がネパールを旅行した際に現地の人に国旗の由来を尋ねたところ，二つの三角はこの国の2大宗教であるヒンドゥー教と仏教を，二つが合わさった形はヒマラヤ山脈を表わしているとの説明を受けた。国旗の深紅の色は，国の花であるシャクナゲの色で国民の勇敢さを象徴し，ネパールのナショナルカラーである。

現在のネパールの国旗

以前のネパールの国旗

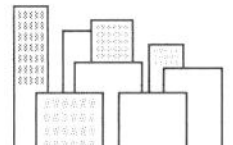

インドが世界有数のIT大国になった理由とは？

高い経済成長を続けるインドは2029年には日本を抜き，GDPが世界3位になるという。この成長を牽引しているのがIT産業だ。

Microsoft, Google, IBM, Oracle, Apple, Intel, Samsungなど多くの**IT関連企業**がインド国内に生産や開発の拠点を置いている。MicrosoftやGoogleはCEO（最高経営責任者）もインド人であり，AppleやIntelにも多数のインド人幹部がいる。IBMはインド国内に27の拠点があり，13万人の従業員が働いている。今やインドは世界のIT産業の中核を占めている。

インドのIT産業発展の契機は，1990年代に始まった経済の自由化だ。政府が推進する対外開放政策によって，インドはアメリカのシリコンバレーのIT企業の下請け的な役割を担うようになった。インドのIT産業の構成は，**アウトソーシング**が40%を占め，ソフトウエア開発が20%，残りがエンジニアリングや製品開発となっている。アウトソーシングというのは，企業が自社の業務を外部の専門企業に委託することで，インドのIT会社には様々な部門の世界のトップ企業が，開発・営業・物流・経理など多様な業務を発注している。

アウトソーシングの拠点として企業がインドが選ぶ理由は，シリコンバレーとインドの12時間の時差，つまりアメリカとインドでは昼と夜が逆になることだ。アメリカで行なった業務は夜にインドへ送ら

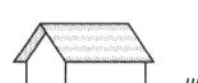

れ，朝を迎えたインドの技術者がその業務を引き継ぎ，夜になると，朝を迎えるアメリカへ送り返す。この作業を繰り返すことによって，業務は24時間ノンストップで効率よく進めることができる。このアメリカとの時差が，インドのIT産業発展の大きな要因である。

人口大国のインドが200万人を超える豊富なIT人材を抱え，それを支える教育環境が充実していることもその大きな要因だ。世界最高峰の理工系大学といわれるインド工科大学をはじめ，国内には約2000の理数系の教育機関が整備されており，毎年，数万人の優秀な人材を輩出している。

インド人の英語力もIT産業の発展要因である。ITの業務では英語でコミュニケーションをとることが必要不可欠だが，インドでは高等教育を受けた若者の多くは英語力を身につけている。

IT産業が従来のカースト制度の職分類には該当しないことも要因の一つとされている。職業選択で制約を受けていた下層カーストの優秀な若者たちがIT産業に従事できるようになったというのだ。しかし，カーストが不問とはいえ，困窮した下層階級の若者にIT関連の高等技術や専門知識を身につける機会などほとんどなく，そのような成功者はほんの一握りだろう。

政府はインド工科大学の入学者の15%を被差別カーストに割り当てる制度を設けたが，今，インドには貧困や格差，環境問題などの複雑な問題が随所に色濃く残っている。IT産業の発展がめざましいインドだが，今後のさらなる発展のためには，これらをどう克服するのか，人口14億の大国インドの動向に世界が注目している。

21 ヒンドゥー教の国インドが世界第2位の牛肉輸出国ってホント？

ヒンドゥー教では牛は神聖な動物だ。牛肉を食べるなんてあり得ない。しかし，インドが牛肉を他国へ輸出しているのはどういうこと？

インドでは，**牛**は**ヒンドゥー教**の最高神の一柱であるシヴァが乗る聖なる動物として人々から崇められている。国内にいる牛の数はブラジルに次いで世界第2位の約2億頭，街中の道路を牛がゆっくり歩いていたり，寝そべっていたりするのはこの国ではよく見かける光景だ。牛を食べることはタブーであり，もちろん殺すことも禁じられている。

しかし，2020年のアメリカ農務省の統計によると，インドの牛肉生産は世界第4位の430万t，牛肉消費も世界第4位で260万t，そして，なんと牛肉輸出は世界第2位の170万t，我々日本人が牛肉というとまず思い浮かべるのはアメリカやオーストラリアだが，これらの国よりインドは多くの牛肉を海外へ輸出している。ちょっと信じ難いこの統計のウラには，実は二つの事情がある。

まず一つめだが，牛肉といってもインドで生産されているのは**水牛**の肉である。牛と水牛はよく似ており，どちらもウシ属に区分されるが，動物分類学上，牛と水牛は異なる動物だ。インドで聖なる動物とされているのは，背中に瘤(こぶ)のある「瘤牛」であり，水牛は農耕用の家畜で，搾乳もするが，搾乳できなくなると食肉として解体される。漢字で書くとどちらも牛という字を使うので日本人には紛らわしいが，

ヒンディー語で牛は「ガヤ」，水牛は「ブハイス」といい，まったく別の動物だ。しかし，アメリカ農務省は水牛の肉も牛肉として集計しているため，インドが世界有数の牛肉生産国であり，輸出国になるのだ。ちなみにインドの牛肉は，中東のアラブ諸国がおもな輸出先だ。

もう一つの事情は，インドのイスラム教徒の存在である。インドの人口は今や世界第1位のおよそ14.3億人，そのうち80%がヒンドゥー教徒だが，彼らは水牛であってもその肉をほとんど食べることはない。水牛の肉を食べるのは宗教上の理由で豚肉を食べないイスラム教徒である。インドのイスラム教徒の数は全人口の14%，この割合はヒンドゥー教徒の1/6ほどだが，14億人の14%であり，その数は2億人，インドはインドネシアに次いで世界で２番目にイスラム教徒が多い国なのだ。さらにインドにはキリスト教徒も3000万人以上おり，牛肉を食べる人などいないと思われているインドだが，実は日本の人口の2倍にあたる人々が牛肉を食べている。

また，ヒンドゥー教徒は牛肉を食べないのなら牛乳も飲まないのではと誤解している人もいるが，ヒンドゥー教徒も含め，インドの人々は牛乳をよく飲み，バターやチーズなどの乳製品も料理によく使う。牛乳はそのまま飲むだけではなく，紅茶やコーヒーにも入れて飲む。チャイと呼ばれるミルクティーはインドの国民的飲み物だ。

インドはアメリカに次いで牛乳生産量は世界第2位，バターはなんと断トツの世界一，インドが世界シェアの37%を占める世界最大のバター生産国であることはあまり知られていない。

インドの人たちが「ナン」をほとんど食べないのはなぜ？

カレー料理には定番のナンだが，インドではナンを一度も食べたことがない人が多いという。なぜだろうか？

NTTの「タウンページ」には全国の**インド料理**の店が2620軒登録されている(2023年)。韓国料理店の3062軒にはちょっと及ばないが，台湾料理店710軒やタイ料理店の583軒など他のアジア料理店を大きく上回る。また，この登録軒数は2006年の302軒から16年間で実に約9倍に増加している。日本人にはカレー好きの人が多いが，日本のカレーライスだけでは飽き足らず，本場インドのカレーも食べたいという人が増えているのだろう。

カトリと呼ばれる銀色の容器に入ったバターチキンなどのカレーと生野菜サラダ，ターリーと呼ばれる丸い皿からはみ出すほどの大きな**ナン**，これらのセットが我々が知っているインドカレーの定番だ。しかし，インドではこのようなカレーの食べ方をしない。そもそもインドでは，ナンは庶民の一般的な食べものではなく，日本に来て初めてナンを食べたというインド人もいるくらいだ。

本来，ナンはインド北部の宮廷料理である。庶民がナンを口にすることはなく，高級料理店でなければ食べることができない富裕層の食べものだ。ナンの材料である小麦粉は，インドでは贅沢品であり，ナンはタンドールと呼ばれる大きな土窯で焼かれるが，このような窯は

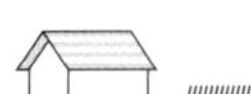

一般の家庭にはない。

インドの人々がカレーと一緒に食べるのは，**チャパティ**や炊いたコメである。チャパティは，ナンを薄くしてパリパリに焼いたような食べものだが，材料は小麦粉より安価な全粒粉と水・塩のみで，焼くのも土窯などは不要でフライパンを使う。

それでは，我々が知るインドカレーにはなぜナンがセットに付くのだろうか。このスタイルのカレー料理は，インドからではなく，イギリスから日本に伝わったようだ。インドのカレー料理は，18世紀末にまず当時インドを統治していたイギリスに伝わる。その後，イギリス人の好みに合うようにアレンジされ，第二次世界大戦後，ロンドンでヨーロッパのパンに食感が近いナンをカレーと一緒に食べる料理が生まれた。1970年代にこのスタイルのカレー料理が日本に入ってくると，日本人の好みに合わせてさらなる進化を遂げ，ふかふかでモチモチのナンと一緒に食べる日本独特のインドカレーが生まれたのだ。

なお，これも気になったのだが，日本のインドカレー店で働いているのは，インド人よりも実はネパール人が圧倒的に多い。インドではカースト制のために料理人となる人が限られているからだというが，真相はわからない。

もう一つ謎がある。ナンのあのユニークな形だ。インドのナンは丸い形で小ぶりのピザのような感じだが，我々に馴染みのナンは片方が尖ったしずく型をしており，しかもバカでかい。理由を調べてみたが，タンドール（窯）に貼り付けやすいとか，インド国土の形である，象の顔に似せたなど諸説あるが，どの説もイマイチ説得力に欠ける。残念ながらこの真相も不明だが，それでも日本独特のインドカレーは，筆者も大好きである。

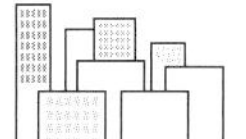

23 パキスタンで『ドラえもん』の放送禁止運動が広がっているってホント？

パキスタンの議会では『ドラえもん』の放送禁止を求める議案が提出されたという。『ドラえもん』の何がいけないというのだろう？

『**ドラえもん**』は，アジアや中南米を中心に世界55ヵ国でテレビ放映されるなど国境を越えて多くの子どもたちに愛されている。とくに東南アジアでの人気は絶大で，SONYやTOYOTAを知らなくてもDoraemonなら知っているという大人も多い。しかし，**パキスタン**では，そんなドラえもんを教育上好ましくないので放送禁止にすべきだという運動が広まっている。

どういうことだろうか。反対運動をしている人たちが問題視しているのは，まず登場人物のキャラクターだ。自分で努力しようとせず，何でもドラえもんに頼ってしまう怠惰なのび太，すぐに暴力を振るう自己中心的なジャイアン，そのジャイアンのご機嫌取りで，お金持ちの自慢たらしいスネ夫，彼らの影響を受けた子どもたちが宿題をせず，親に反抗的になるという主張だ。

ドラえもんの秘密の道具もやり玉に挙げられている。子どもたちに非現実的な幻想を抱かせたり，困ったことがあっても自分で解決しようとせず，すぐに誰かに頼ろうとしたり，ドラえもんの道具は他力本願を助長し，子どもの自立心を阻害しているという。パキスタンでは，入試でコネ採用や裏口入学が社会問題になっているが，自分で努力せ

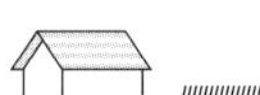

ず，そのような不正に頼る受験生が増えたのも，非現実的な道具ですぐにのび太を助けるドラえもんの影響だという言いかがりのような主張もある。

また，番組中の登場人物の言動には，イスラムの文化に抵触するものがあることが危惧されている。のび太はしずかちゃんに「大好き！」と言ったり「家においでよ」と誘ったりするが，未婚の男女の自由な交際が制約されているイスラム社会では，このようなのび太の言葉は不道徳極まりない。しずかちゃんの入浴シーンなどは絶対に子どもたちには見せられない。

ドラえもんに対して批判的な声が上がっているのは，パキスタンに限ったことではない。やはりイスラム教国家であるインドネシアやバングラデシュでも同じようなことが問題視されている。

アメリカでは，しずかちゃんが女の子らしさを強調しすぎ，ジェンダーへの偏見とされ，ドラえもんがどら焼きをドカ食いするシーンは子どもの食習慣に悪影響を与えると批判された。

しかし，登場人物には指摘されるような欠点はあっても，のび太には優しさと思いやりの心，スネ夫には仲間思い，ジャイアンには勇気と正義感という良さがある。人は誰しもマイナスの側面とプラスの側面があり，それが人間的魅力につながる。

「人にできて，君にだけできないなんてことあるもんか」

「人にばかり頼っていてはいつまでも一人前になれないぞ」

ドラえもんはただ闇雲に秘密の道具を出しているのではなく，いつものび太を見守り，厳しくも温かい言葉を投げかけている。のび太は決して模範的な子どもではないが，ドラえもんに励まされて，希望を持ち成長してゆく。そのようなアニメだからこそ，世界の子どもたちは『ドラえもん』が好きなのだ。

24 西アジアを中心に世界に広まるイスラム文化，九つの謎

世界人口の4分の1を占めるイスラム教，西アジアや北アフリカの国々には，イスラム教の戒律に基づく独特の風習や規範がある。

その1　女性が**髪や肌を隠す衣服**を着るのはなぜ？

ムスリムの女性は頭髪を隠し，全身をすっぽり覆う黒づくめの衣装を着るのが習わしである。国や地域によってその厳しさにはいくらかの違いはあるが，女性は近親者以外には髪を見せない，顔と手先以外の肌を見せない，ボディーライン見せてはいけない。

欧米には，これを女性の自由を奪っているとか性差別だとか主張する人たちがいる。しかし，果たして本当にイスラムの女性は抑圧されているのだろうか。イスラムの聖典『**クルアーン**』には，「神は汝の貞操を守り，汝が美しくあるために衣服を与えた。衣服によって汝は悪から守られ，汝の尊厳は維持される」とある。イスラム教には，人間は欲望を抱きやすい弱い存在であり，男たちは女性の髪や素肌に性的欲望を刺激されやすいという考え方がある。全身を覆う衣装はそんな男たちの視線から女性を守るためなのだ。つまりセクハラ予防，そんな意味がある。

なお，トルコやエジプトなど規制が緩やかな国の若い女性たちは，髪を隠すなど戒律を守りながらも，ジーンズなど欧米風の服装を自由

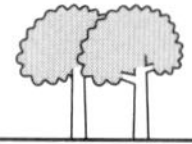
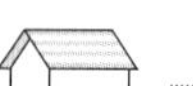

に着こなしている。

また，イスラムの戒律は女性だけに厳しいわけではなく，男性についても守るべきルールを定めており，男性の衣服も肌を露出するものは禁止されている。ただ，露出してはならない部分は，女性は顔と手以外だが，男性の場合はヘソから膝までだ。女性の方が隠す部分が多いのは，女性の方が美しいからだそうだ。

その２　男性がみんな**髭**を生やしているのはなぜ？

ムスリムの男たちは必ず髭を生やしているというイメージがあるが，イスラムの教義では男性の髭は必ずしも義務とはされていない。しかし，預言者ムハンマドは言語録『**ハディース**』の中で男性が髭を生やすことを推奨しており，実際には，ムスリムの成人男性のほとんどが髭を生やしている。髭があることによって，一人前の男性として認められるのだ。

中東に駐在する日本の商社マンや報道関係者にも，イスラム教に改宗したわけではないが，髭を生やす人が多い。髭がないと若く頼りないように見られ，髭がある方が現地の人たちの印象がよくなり，商談や取材がやりやすいのだそうだ。

しかし，欧米では髭を剃るムスリムが増えているらしい。髭があるとIS（イスラム国）など武装勢力の戦闘員と見間違われるからだそうだ。

その3　**飲酒**が禁止されているのはなぜ？

中東の国々ではムスリムが飲酒することは厳しく禁じられている。もし，密かに飲酒したことが発覚するとサウジアラビアのように鞭打ち刑が科せられる国もある。

しかし，クルアーンには「天国には酒の川がある」という意味の表現があり，初期のイスラム教では，飲酒は禁じられていなかったそうだ。ムハンマドの弟子たちも食事の席でナツメヤシやブドウの果実を発酵させた酒を飲んでいたという。それがなぜ飲酒が禁止されるようになったのだろうか。

クルアーンには飲酒の禁止について，次のような経緯が記載されている。ある時，日没の礼拝の際に酔っ払ってやってきた礼拝先導者がクルアーンを間違って読誦したため，以後は酒を飲んで礼拝することが禁止されたという。しかし，礼拝以外の場でも，酔ってトラブルを起こす者が絶えず，やがて飲酒が全面的に禁止されるようになった。

そこで，クルアーンには「酒は忌み嫌われる悪魔の業である。悪魔のねらいは酒によって汝らに敵意と憎悪を起こさせ，アッラーを念じ礼拝を捧げるのを妨げようとすることである」という章句が加えられた。

しかし，天国の酒は飲む者に心地よく，悪酔いすることもないので，現世では飲めなくても，死後の世界では好きなだけ酒を飲めるそうだ。

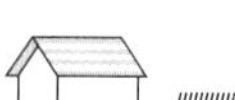

その4　喫煙は禁止されているのだろうか？

イスラムの戒律はムスリムの飲酒を厳しく禁止しているが，タバコを吸うことも禁止しているのだろうか。様々な厳しい制約を定めているイスラムの戒律ならば，当然，喫煙についても何らかのルールを定めているのではと思いがちだが，クルアーンやハディースには喫煙に関する記述は一切ない。なぜなら，喫煙の習慣が世界に広まったのは，ヨーロッパ人がタバコをアメリカ大陸から持ち帰った15世紀末以降のことであり，ムハンマドがイスラム教を創唱した7世紀には，彼や彼の後継者たちはタバコというものを知る由もなかったからである。

しかし，クルアーンには次のような記述がある。

「他の人々に対する身勝手な迷惑，苦痛，または危害を引き起こすことを避けなければならない」

「汝らは食事をしてもよい。飲み物を飲んでもよい。しかし浪費をしてはいけない」

このような記述を根拠にイスラム法学者の中では，喫煙行為はムスリムの行動として不適切であるとの見解が大勢である。しかし，WHO（世界保健機関）の調査によると，中東諸国の成人の喫煙率は，レバノンが42.6%，トルコが29.3%，イラクが22.2%であり，日本の21.9%と比較すると，ムスリムには意外にタバコ好きの人が多いようだ。ムスリムにとって，クルアーンに禁止が明記されていないことは違法ではないわけだ。

その5　豚肉を食べてはいけないのはなぜ？

クルアーンには「汝が食べてはならぬものは，死肉，血，豚肉，アッラー以外の神の名で供えられたもの」と記されている。死肉や血はムスリムではない人々でも口にするのを避けるだろう。しかし，イスラム教は，なぜ豚だけを名指しでタブー視しているのだろうか。女性が肌を見せることや飲酒については，クルアーンには禁止の理由が記述されているが，豚については「不浄なもの」と表現されているだけで，具体的な根拠が示されていない。

イスラム教が興った7世紀頃，アラビア半島では豚が感染源となった伝染病が蔓延したため，豚を食べたり飼ったりすることが禁止されたという説がある。しかし，これを裏づける明確な史料はない。他には，豚は繁殖力が高く，その肉を食べると欲深くなるとか，草食の牛や羊と違って雑食の豚は排泄物も食べるので賤しいという説があるが，こじつけのように感じる。

豚肉を食べることは，ユダヤ教も禁止している。ユダヤ教の戒律では，「牛，羊，ヤギなど蹄(ひづめ)が割れていて反芻(はんすう)する動物は食べてよい。反芻しない豚を食べてはいけない」と定められており，さらに，死肉や血，ユダヤ教の教義に基づいて処理されていない肉を食べることを禁止している。イスラム教は，ユダヤ教の影響を強く受けて成立した宗教であり，イスラムの食物禁忌はユダヤ教の影響によるものと考えられる。

※反芻とは一度飲み込んだ食物を胃から口の中に戻し，再び噛んでからまた飲み込むこと。

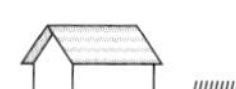

その6 **左手**は不浄の手なのか？

イスラム教ではすべてにおいて**左より右が優先**する。食事の際には，右手で食べものを口に運び，給仕も右手でしなければならない。モスクに入るときは右足から，衣服をや靴を着用するときも右手や右足から始める。人と握手したり，ものを受け渡しする場合も必ず右手を使う。逆に，用便の際には左手を使う。

そのため，イスラム教では左手は不浄の手だと思われがちだが，これは誤解だ。ハディースには「食べるときは右手で食べよ」とあるだけで，左手が不浄と決めつけてはいない。実際，ムスリムは右手だけで食事をしているわけではなく，食べものをつかんだり，分けたりするときには左手も使う。手そのものに浄・不浄の別はなく，概念としてポジティブなものには右で，そうでないものは左で対応するというのがムスリムの行動規範なのだ。

なお，「右手にコーラン（クルアーン），左手に剣」という有名な言葉があるが，これはイスラムの右が優先という考え方とはまったく関係がない。そもそもこの言葉は，キリスト教徒であるヨーロッパ人が，イスラム勢力への敵意から言い出したもので真実でもない。この言葉は，イスラム軍が征服した土地の住民に対し，イスラム教へ改宗するのか抵抗して死ぬのかどちらかを選べと迫り，それをコーランか剣かと表現したとされる。しかし，実際は，イスラム軍は，非イスラム教徒にコーランか剣かの二者択一を強制しておらず，税を納めれば他の宗教を信仰することも認めていた。この言葉はヨーロッパ人によるフェイクだ。

その7　トイレで紙を使わないのはなぜ？

ムスリムがトイレを使う場合にも，次のような規範がある。

- トイレに入る際は左足から入り，出る際は右足から出ること。
- 用を足す際，顔や尻を聖地メッカの方向に向けてはならない。
- 男性でも，大小にかかわらず座って用を足すこと。
- 用を足したあとは局部を水で洗い清めること。

イスラム圏の国々を旅行するとトイレで面食らうことがある。男性用トイレにあの朝顔型の小便器がなく，女性用トイレと同じように個室しかないのだ。筆者は，エジプトで間違って女性用トイレに入ってしまったのかとうろたえた経験がある。イスラムの教義では，たとえ男性でも，大小にかかわらずしゃがんで用を足すことを最善としている。そうすることで，体内の老廃物を完全に排出できると考えられているからだ。なお，国によっては観光地や空港などに小便器が設置されたトイレも見られる。

あと，トイレの個室にはトイレットペーパーが置かれておらず，写真のようなハンドシャワーに筆者は戸惑った。ハディースには，不浄なものは水で清めなければならず，トイレで用を足したあとは局部を水できれいに洗い流すよう記述されている。昔は水の入った手桶が置かれていたそうだが，今は写真のようなハンドシャワーを使う。右手でシャワーを持ってお尻に水を当てながら，左手で汚れた箇所を洗い流すのだが，勢いよく出た水で，慣れない筆者はズボンをビショビショにしてしまった。日本人なら，汚れた場所に，直接，素手を当てることに抵抗を感じると思うが，現地の人たちはそのあと石鹸でしっかり手を洗う。むしろ紙で拭くだけで済ませることを不潔と考えている。

それならば，日本のウォシュレットトイレを導入すればよいのにと日本人は考えるが，価格が高いからなのか，左手で洗いにくいためなのか，イスラム諸国に普及するのはまだ時間がかかりそうだ。

もっとも，ムハンマドの時代には，野外で用を足しており，トイレなどという施設はなく，男たちが立ち小便をすることはあったという。また，砂漠で遊牧生活をしていたムスリムが用を足すときに近くに水などはなく，その場合は小石を使ってお尻をぬぐうことも認められていた。トイレに関する現在の行動規範は，長いイスラムの歴史の中で伝承的に成立してきたもののようだ。

ハンドシャワーを使うトイレ

その8　**文字**を右から左へ書くのはなぜ？

イスラム教の聖典「クルアーン」は次ページのような**アラビア文字**で書かれている。アラブ人以外のムスリムであっても，クルアーンは必ずアラビア語で読誦しなければならない。

ところで，このアラビア文字だが，右から左へ書くのが特徴だ。英語やフランス語で使うアルファベット，ロシア語で使うキリル文字，横書きの場合の漢字など世界の多くの文字は，通常，左から右へ書く。なぜなら，文字は左から右へ書くのが合理的だからだ。インクを使ってペンで字を書く場合をイメージしてほしい。この場合，右利きの人ならば，左から右へ書くのがスムーズだ。右から書くとペン先が紙に引っかかったり，書き終わった文字を手の側面でこすってしまい，手や紙をインクで汚してしまう。

アラビア文字の起源は，紀元前３世紀頃，現在のシリアあたりで使われ始めたアラム文字だとされる。この時代，中東地域ではヘブライ文字やフェニキア文字も使われていたが，これらの文字に共通するのはアラビア文字と同様に右から左へ書くことだ。左利きの人が多かったわけではない。

左からの方が書きやすいのは，紙に文字を書く場合である。紙がない時代には，人々は文字を書いたのではなく，粘土板や石にのみなどの道具を使って文字を刻み込んだのである。版画を彫る場合，右利きの人ならば彫刻刀を右から左へ動かすのと同じ理屈だ。

アラビア文字

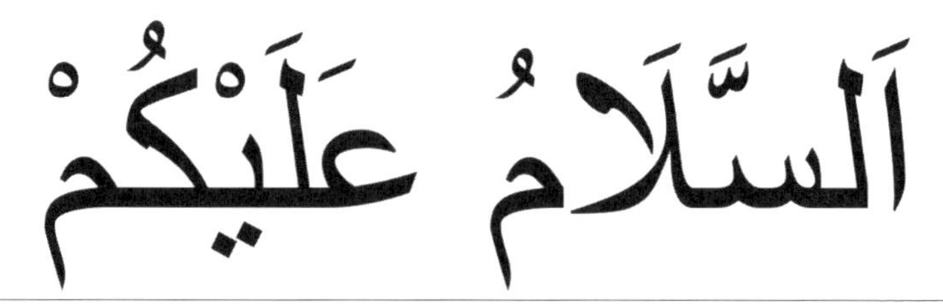

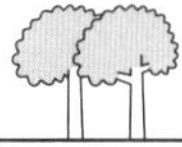
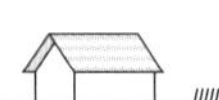

その9　競馬は盛んなのに，なぜ**賭け事**が禁止？

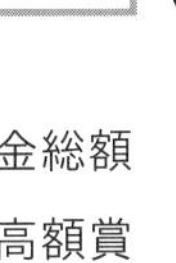

サウジアラビアで開催される国際競馬のサウジカップは，賞金総額2000万ドル（約28億円）という世界最高賞金の競馬である。高額賞金の競馬としては，隣国のアラブ首長国連邦で開催される賞金総額1200万ドルのドバイワールドカップも有名だ。

古くからラクダレースが遊牧民の貴重な娯楽であった中東の国々では，競馬が盛んだ。ただ，日本や欧米の競馬と異なるのは馬券が販売されないことだ。なぜなら，イスラム諸国では賭け事が禁止されているからである。クルアーンには「賭け事の罪と害はその得と益よりも大きい。賭け事は財産を失わせ，富を散財させる。賭け事をする人は，中毒症状に陥り，それは仕事に対する障害となる」と記されている。この戒律には，イスラム教徒でなくても同意する人は多いのではないだろうか。

なお，馬券の代わりとしてくじが販売されており，優勝馬を当てると，賞金や自動車などの豪華な賞品がもらえる。ちなみに現地ではもちろん馬券発売は禁止されているが，ドバイワールドカップには日本馬も多く出走し，JRA（日本中央競馬会）が日本国内で馬券を販売している。2023年のレースでは約61億円の売り上げがあったという。

窃盗犯は手首を切断！イランの刑罰が厳しいのはなぜ？

イスラム世界では，何が罪になるのか，どのような刑があるのか，日本人はその実態をほとんど知らない。

2019年，窃盗を繰り返していた男に対して，片手を切断する刑がイランで執行された。2014年には4歳の少女を失明させた男の両目を失明させる刑が執行されている。イランなどイスラム教国では，このような厳しい身体刑が犯罪者に科せられることがある。**ハッド刑**と呼ばれ，クルアーンには次のような記述がある。

「盗みをした男も女も報いとして両手を切断せよ。これは彼らの行為に対する神の見せしめのための懲しめである」（第5章第38節）

「目には目，歯には歯…受けた傷は同じ仕返しを」（第5章第45節）

クルアーンは絶対的な神の言葉であり，第38節に基づき，ハッド刑と呼ばれる身体刑が次のような罪に適用される。

・姦通罪…未婚者は鞭打ち刑，既婚者は石打ちによる死刑

・飲酒罪…鞭打ち刑

・窃盗罪…指や手足の切断

・強盗罪…右手・左足の切断，強盗殺人は死刑

第45節に基づく刑罰は**キサース刑**と呼ばれ，被害者が被ったのと同様の苦痛を加害者に与える同害報復刑である。

ハッド刑やキサース刑のように，身体に苦痛や損傷を与える刑罰は

国際法で禁じられている。しかし，それは人間が理性で考えた価値観であって，欧米人がいくら非人道的だと非難しようとも，イスラム世界ではクルアーンが絶対であり，人が定めた法よりも神の法が優越するのである。裁きはクルアーンに従って行なわねばならない。

それではイスラム圏の国々には，罪を犯して腕や目を失った人が何人もいるのかというと，街中でそのような人を頻繁に見かけるわけではない。欧米メディアの誇張された報道により，窃盗犯は容赦なく手や足が切断されてしまうと思われがちだが，誤解である。イスラム法は，**タージール刑**と呼ばれる裁判官の裁量に任される禁固刑も認めており，現在，イスラム圏の多くの国では身体刑は執行されていない。イランのように厳格な身体刑を定めている国でも，ハッド刑が常に適用されているわけではなく，該当する犯罪に対しても禁固刑が言い渡される事例が多い。

冒頭の片手切断の刑を受けた窃盗犯は，数十回の窃盗を繰り返した常習犯だ。イランにおいてハッド刑の執行は年間数件，極めて稀だ。それでもしばしばこの刑が執行されるのは，犯罪者には厳罰で対処するという警鐘，つまり犯罪抑止の意味があるという。

同害報復刑であるキサース刑についても，クルアーンには「受けた傷は同じ仕返しを」のあとに，「しかし，これを自ら棄権する者にはそれは贖罪（しょくざい）となる」と記されており，報復の権利は認めつつも，**ディーヤ**と呼ぶ賠償が推奨されている。加害者に賠償金を支払わせ，被害者の生活を補償させるのである。被害者には報復刑か賠償金かどちらかを選択する権利が与えられるが，過失による傷害事件の場合には，報復は認められず，賠償金の支払いが命じられる。

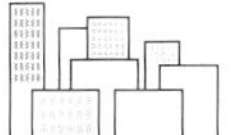

世界最大の油田地帯ペルシャ湾岸，埋蔵されている石油はどれくらい？

サウジアラビア，イラク，イラン，UAE，クウェート，カタール，湾岸6ヵ国の石油埋蔵量は世界の3分の1を占める。

世界の石油埋蔵量や生産量，1日当たりの消費量，それをさらに地域ごとや国ごとに見てみると一体どれくらいになるのだろうか。これらは，本やネットで調べるとすぐにわかる。しかし，そこに記載されている○○億バレルや○○億KLという数字を目にしても，それがいかに膨大な量であっても，我々の日常生活からかけ離れたこのような数字や単位からはその凄さがイメージとしてさっぱり伝わってこない。そこで次のように換算してみた。

・**世界の石油可採埋蔵量**（2020年） 2754億KL

これは日本最大の湖である琵琶湖の貯水量275億KLのほぼ10倍に相当する。琵琶湖の水がすべて石油だと仮定して，その10倍の量の石油がまだ地球にはあるわけだ。さらにそのうちペルシャ湾岸諸国が占める埋蔵量は48.3%に当たる1303億KL，これは琵琶湖の約4.8倍である。

ペルシア湾の奥に位置する**クウェート**は，その面積は四国よりやや小さく，国土の大部分は砂漠で川はまったくない。しかし，石油の埋蔵量は163億KL，これは琵琶湖の0.6倍だが，面積が日本第2位の霞

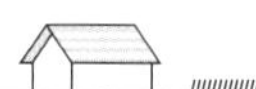

ヶ浦の貯水量8.5億KLと比較すると19.2倍にもなる。つまり，四国に石油で満杯の霞ヶ浦級の湖が19.2個もあるということだ。

・**世界の石油生産量**（2011～2020年平均）　61.5億KL

琵琶湖の貯水量は275億KLなので，世界では，ほぼ4年半で琵琶湖1杯分の石油を採掘していることになる。そのうち，約3分の1はペルシャ湾岸諸国で採掘されている。

・**世界の1日当たりの石油消費量**（2011～2020年平均）　1460万KL

人類が1日に消費しているこの石油の量は，神奈川県箱根の芦ノ湖の貯水量とほぼ同じだ。30万t級タンカーに換算すると49隻分になり，このうち日本は1日に30万t級タンカー2隻分の約60万KLを消費している。

・可採埋蔵量2754億KL÷年間生産量61.5億KL＝44.8

これは，人類が今のペースで石油を採掘し，消費し続けた場合あと何年で掘り尽くしてしまうかという試算である。44.8年ということになるが，実際はどうなのだろうか。

1970年代のオイルショックの頃，世界の石油資源はあと30年ほどで枯渇するという石油枯渇説がマスコミで盛んに報道された。しかし，それから半世紀を経て，むしろ生産量が増大したにもかかわらず，石油は枯渇していない。年々新たな埋蔵の発見があり，それが生産量を上回っているからである。

1971年に確認されていた世界の石油埋蔵量は904億KL，それから50年後の現在，埋蔵量は約3倍に増えている。そのうち，ペルシャ湾岸諸国の埋蔵量は約2.4倍の増加だが，ベネズエラは22倍に増え，現在は世界一の埋蔵量だ。人類はまだ地下にどれだけの石油が埋蔵しているのか把握していない。

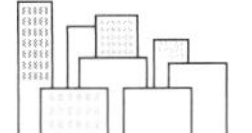

27 アラブ首長国連邦では，女性は総人口のたった3割しかいない。一体なぜ？

さらに，65歳以上の高齢者人口はわずか1.2%。なぜ，この国は女性や高齢者がこんなに少ないのだろうか？

アラブ首長国連邦はアブダビやドバイなど七つの首長国で構成される連邦国家で，UAE（United Arab Emirates）とも呼ばれる。面積は約8.4万km^2，北海道くらいの広さで，人口は約1000万人，東京23区の人口とほぼ同じだ。ただ，この国の人口構成には他国では見られない特徴がある。

右ページの人口ピラミッドを見てほしい。とんでもなくいびつな形をしている。この国の人口構成を見ると，男性が69.3%，女性が30.7%，中東最大のリゾート地であるドバイのビーチは男性ばかりでビキニの女性を見つけることなどほぼ不可能だという。高齢層や若年層では男女にそれほどの差はないのだが，とりわけ20～50代の男性の人口が突出している。

その理由は，この国に出稼ぎに来ている外国人人口である。アラブ首長国連邦の人口に占める外国人の割合は89%，自国民はたった1割にすぎない。外国人の多くはインド，パキスタン，バングラデシュ，ネパールなど南アジアからの出稼ぎ労働者だが，建築や石油関連の仕事など肉体労働に従事する者がほとんどであるため，必然的に男性の人口が多くなる。また，外国人労働者が家族を連れてきてこの国で一

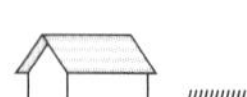

緒に暮らすことは認められておらず，単身で出稼ぎに来ているのも女性が少ない理由だ。ドバイのビーチを占拠し，海水浴を楽しんでいるのは南アジアから出稼ぎにやって来た男たちなのだ。

高齢者人口が1.2%と極端に少ないのもこの国の特徴だが，やはり，外国人労働者が多いことが最大の理由だ。約870万人の外国人労働者に高齢者はまずいない。20～50代の外国人労働者を統計に加えるので，この国の高齢者人口の比率が低くなっている。統計のマジックのようなものだ。外国人を除いた約117万人のUAE国民に限ってみると高齢者人口比率は約9.6%，日本や欧米よりはかなり低いが，ブラジルやトルコとほぼ同じで，近隣のイラクの3.4%やヨルダン4.0%と比較すれば決して低い数値ではない。

なお，同じペルシャ湾岸の産油国であるクウェートやカタールの人口構成にもアラブ首長国連邦と同じ特徴が見られる。これらの国は自国民より圧倒的に多い外国人労働者によって，国民の暮らしや国の経済が支えられている。中東研究者の中には，このような国は異常であり，「国もどき」だと指摘する人もいる。

アラブ首長国連邦の人口構成（2019）〈資料：国連経済社会局〉

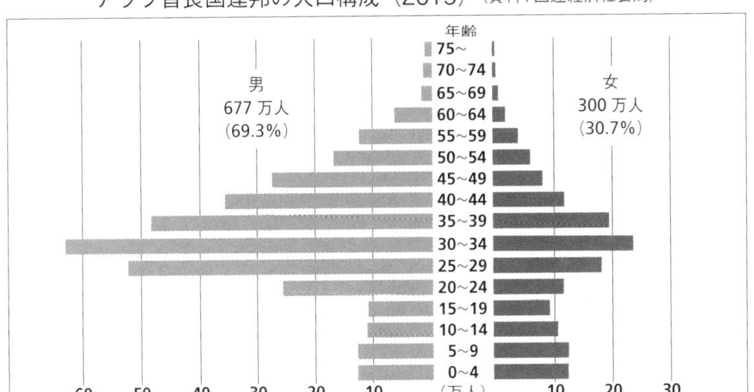

28 サウジアラビアには，なんと2万人もの王族がいる！

サウジアラビアの王族のうち，初代国王の直系で，王位を継承する権利を有する王子の数は1000人を超えるという。

サウジアラビアという国名は，アラビア語で「**サウド家のアラビア**」を意味する。18世紀頃からアラビア半島で強い勢力を持っていたサウド家の**アブドゥルアジーズ**が，1932年に半島をほぼ統一してサウジアラビア王国を建国した。

アブドゥルアジーズは初代国王に即位すると，国内の26の有力部族から1人ずつ妻を迎えた。イスラム法では妻は4人までと定められているが，それは一度に持つことができる人数であり，彼女たちをすべて正妻とするために，彼は離婚と結婚を数十回も繰り返した。そして，この妻たちは36人の王子と27人の王女を生む。彼には正妻以外にも正式な結婚手続きを経ていない愛人も多くおり，彼の子は一説には100人以上いたという。

アブドゥルアジーズの死後，次男の**サウード**が第2代国王に就いたが，彼にもなんと52人の王子と54人の王女，合計106人の子がいたとされる。その後の歴代国王たちも子だくさんで，第7代の**サルマン**現国王には3人の妻と12人の子がいる。

国王になれなかった王子たちにも多くの子どもたちがおり，初代国王の孫の第3世代には王子が254人，王女が250人，さらに第4世代，

第5世代とねずみ算式に増え，現在の第6世代では初代国王直系の王族は数千人に上ると見られている。また，初代国王には兄弟が9人おり，彼らの子孫も王位継承権はないものの王族であり，そのような傍系王族も含めるとサウジアラビアの王族は1万人とも2万人ともいわれている。

サウジアラビアの政治体制は君主制であり，成文化された憲法はなく，この国の国家権力は国王に集中している。立法権は国王に帰属し，国会にあたる諮問評議会の議員は国民の選挙ではなく国王が選任する。行政のトップである首相は国王が兼務し，各省大臣は国王が任免権を持っている。軍の最高司令官も国王だ。各省大臣など政府の要職，国内13州の知事や副知事，アメリカなど主要国の大使には王族が名を連ねている。

しかし，そうなると王族内の権力闘争も熾烈だ。1975年，第3代のファイサル国王は私怨から甥のムサーイド王子に射殺された。2015年には，王位継承権を持つ11人の王子と閣僚・元閣僚ら数十人の王族が汚職容疑で拘束された。これは王族内部の対立が原因で，政敵の排除ではないかという指摘もある。

この国をサウド家が支配していることを国民はどう受け止めているのだろうか。2010年代の初め，中東や北アフリカの諸国では「アラブの春」と呼ばれる民主化運動が起こったが，サウジアラビアには波及していない。サウジアラビアは独裁国家だが，権力を維持するために決して国王が国民を搾取しているわけではない。この国には「国民はサウド王家による絶対君主制を認める代わりに，国富の分配に与（あずか）る」という社会契約がある。この国の経済基盤は石油だが，サウド家は石油利権を独占する代わりに，国民に対して手厚い福祉政策を充実させるという関係が成り立っているのだ。

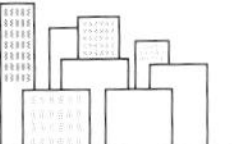

イスラエルがコロナワクチンの最速接種国になったのはなぜ？

欧米は予算面などワクチン開発への政府のバックアップが整っていたが，イスラエルは日本と何が違ったのだろうか？

2019年末に中国で発生した新型コロナウィルス感染症（COVID-19）は，瞬く間に南極大陸を除くすべての大陸に広がり，WHO（世界保健機関）がこの感染症を**パンデミック（世界的大流行）**と宣言してから2022年末までの感染者は全世界で6億6000万人，死者数は670万人を超え，この100年で最悪の感染症となった。

現在，世界は「withコロナ」の時代となり，各国はようやく日常を取り戻してきたが，これにはワクチンや治療薬の開発が大きく寄与したことはいうまでもない。ただ，日本ではワクチン接種が欧米諸国より遅れ，それが政権支持率にまで影響したことは記憶に新しい。対

世界の主要国のワクチン接種開始時期

	イスラエル	アメリカ	イギリス	日本
初回接種	2020.12	2020.12	2020.12	2021. 2
3回目接種	2021. 7	2021. 8	2021. 9	2021.12
5～11歳児接種	2021.11	2021.11	2022. 4	2022. 3
4回目接種	2021.12	2022. 4	2022. 3	2022. 5

して**イスラエル**は，左ページの資料でもわかるように世界でもっとも早くワクチン接種が進み，ワクチン先進国と呼ばれた。ワクチン開発の当事国ではない西アジアの小国がなぜそんなに早くワクチン接種を推進することができたのだろうか。

いくつかの理由が考えられるが，次の二つの理由に注目したい。まず，一早く製薬会社からワクチン提供を受ける契約を結んだことである。イスラエルのネタニヤフ首相（当時）は，友人であるファイザー社のユダヤ系CEOアルバート・ブーラ氏と17回もの会談を繰り返し，イスラエルへ優先的にワクチンを供給してもらう契約を実現した。コネクションを活用したわけだが，ただし，無条件ではない。ワクチン接種を進めることによって得られた国民の医療データ，すなわちワクチン接種に伴う副反応や抗体価に関する情報を製薬会社に提供することが条件とされた。つまり，イスラエルが新ワクチンのいわば「**世界の実験室**」となることによって，どの国よりも早くワクチンを調達することができたのだ。

もう一つの理由は，デジタルヘルスを推進しているこの国の充実した医療制度である。イスラエルでは，国民は医療保険機構への加入が義務づけられており，1人1人が個人番号で登録され，過去の病歴，受けた処置，処方された薬，アレルギーなどすべての個人情報が電子カルテによって管理されている。医療サービスの提供なども医療保険機構に一元化されており，今回のワクチン接種についてもこのような合理的な医療システムが構築されているからこそ，接種のための会場や人員の準備，接種者への連絡など迅速に実施することが可能だった。

ファイザー社は開発の最終段階で約4万人に臨床試験を行ったが，イスラエルではたった3週間で190万人への接種を完了し，ファイザー社は膨大な量の貴重なデータを入手することができた。

30 トルコ料理が世界三大料理の一つになったのはなぜ？

フランス料理や中華料理と並ぶ世界三大料理が，日本料理やイタリア料理ではなく，なぜトルコ料理なのだろう？

世界各地には様々な伝統料理がある。そのうち**世界三大料理**と呼ばれるのは，まず**フランス料理**。西洋料理の代名詞でもあり，これが選ばれるのは誰しも異論はないはずだ。次に**中華料理**。中国4000年の歴史に醸し出された味にこれもみんなが納得するだろう。そして，残る一つが**トルコ料理**である。

しかし，なぜトルコ料理なのだろうか。フランス料理や中華料理は，世界中どこの国でもその食を楽しむことができる。もちろん，日本でもフランス料理や中華料理の店はどこへ行っても必ずといってもよいほど見かける。しかし，トルコ料理の店は国内では少ない。トルコ料理を一度も食べたことがないという人は多く，トルコ料理と聞いても，それがどのような料理なのか思い浮かばないという人も少なくない。例えば「ケバブ」。もっとも代表的なトルコ料理だが，ケバブを食べたことも見たこともなく，それが肉料理であることも知らない人だっている。

そもそも世界三大料理というのは，いつ誰がどのような基準で決めたのだろうか。フランス料理，中華料理，トルコ料理，これらの料理を指してかなり昔からヨーロッパの歴史家や料理研究家の間では世界

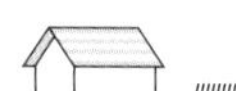

三大料理と呼んでいたようだ。三大料理には大きな共通点がある。それは**宮廷料理**として発展してきたことだ。

フランス料理は，厳選された食材を調理技法や調味料に工夫を凝らし，味わう順序まで計算された「オートキュイジーヌ（至高料理）」と呼ばれる優雅な宮廷料理として，ブルボン王朝の17世紀頃に確立した。フランス革命後は，新興の市民階級の支持を得て，さらに洗練され，マナーにまでこだわる品格ある料理へと進化し，やがて世界中に広まる。

中国では，「空を飛ぶものは飛行機以外，四つ足のものは机と椅子以外なら何でも食べる」と揶揄(やゆ)されるくらい多種多様な食材を美味として，贅(ぜい)を尽くした多彩な宮廷料理が発展し，それが各地に移住した華僑たちによって世界中に広められた。

トルコ料理は18世紀末頃からオスマン帝国で宮廷料理として発展した。オスマン帝国は，現在のトルコを中心にアジア，アフリカ，ヨーロッパの広大な地域を支配し，スルタン（皇帝）が住む宮殿の厨房では，帝国内の各地から集まる豊かで多彩な食材を使って，大勢の宮廷料理人が毎日50～60種もの料理を数千人分も作っていたという。

イタリア料理，タイ料理，インド料理，日本料理など世界に広まった伝統料理は他にも数多い。しかし，三大料理の基準は人気や知名度ではなく，宮廷料理から発展し，世界の食文化に影響を与えた格調高い料理であることが第一義なのだ。

トルコ料理が三大料理の一つには数えられても，フランス料理や中華料理のように世界に広まらなかったのは，トルコ料理は基本的に食材や調理法にイスラム教義が関係する**ハラル料理**であること，近代以降，トルコの国際的地位が低下し，世界への発信力が弱くなったことが考えられる。

カザフスタンやタジキスタン，語尾の「スタン」ってどういう意味？

「～スタン」という名の国は全部で6ヵ国あるが，それらの国は下図のようにアジア中央部に集中している。

「スタン」とは「～の国」や「～の土地」を意味するペルシア語由来の言葉で，英語の「ランド」にあたる。ペルシア文化の影響の強い中央アジアやその周辺地域の国々の名の接尾語として使われている。それぞれの国名は次のような意味である。

- **カザフスタン**―カザフ族（トルコ系）の国
- **ウズベキスタン**―ウズベク族（モンゴル系）の国
- **トルクメニスタン**―トルクメン族（トルコ系）の国
- **タジキスタン**―タジク族（イラン系）の国
- **アフガニスタン**―アフガン族（イラン系）の国

パキスタンの由来はユニークだ。「神聖」を意味するウルドゥー語の「パーク」と接尾語の「スタン」で「神聖な国」という意味だが，

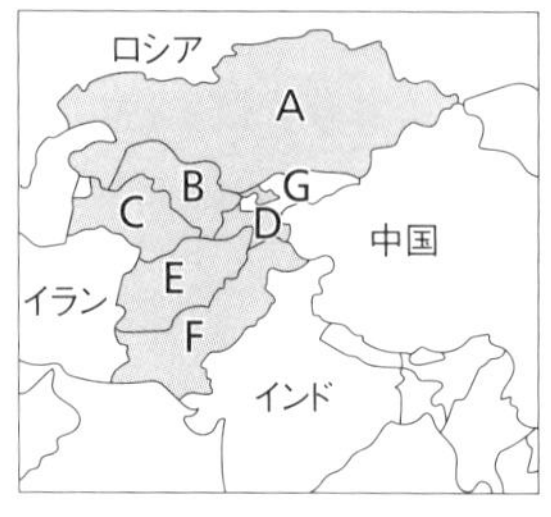

A：カザフスタン共和国
B：ウズベキスタン共和国
C：トルクメニスタン
D：タジキスタン共和国
E：アフガニスタン・イスラム共和国
F：パキスタン・イスラム共和国
G：キルギス共和国（キルギスタン）

この国を構成する5地方のパンジャブのP，アフガンのA，カシミールのK，シンドのS，バローチスタンのTANを組み合わせた造語でもある。

キルギスは1991年に**キルギスタン**共和国として独立したが，1993年にキルギス共和国に改称した。多民族国家であるため，キルギス族の国という意味になるキルギスタンという国名を避け，キルギスという地名を国名とした。

国名以外では，次のような「～スタン」がある。

・**トルキスタン**―トルコ系民族の居住地，中央アジア，中国の新疆（シンチャン）ウイグル自治区，アフガニスタン北部の広範囲にわたる。

・**ウイグルスタン**―中国の新疆ウイグル自治区，15～16世紀にウイグルスタン・ハン国が存在した。東トルキスタンともいう。

・**クルディスタン**―クルド人が居住する土地，トルコ，イラン，イラク，シリア，アルメニアにまたがる。1946年にクルディスタン人民共和国が樹立したが，イラン軍の侵攻により崩壊した。

・**アラビスタン**―アラブ人の土地を意味し，メソポタミアには20世紀初頭までアラビスタン首長国があった。

・**ヒンドスタン**―インドを指す。ガンジス川やインダス川が形成したインド北部の広大な沖積平野はヒンドスタン平原という。

現存する国に対してもペルシャ語系言語では次のように呼ぶ。

・**チナスタン**（中国）　・**モウリスタン**（モンゴル）

・**ルサスタン**（ロシア）　・**ブルガリスタン**（ブルガリア）

・**スルビスタン**（セルビア）　・**マジャリスタン**（ハンガリー）

なんと日本国内にも「～スタン」と呼ばれる場所がある。

・**ワラビスタン**：埼玉県蕨市。在日クルド人が多い。

・**ヤシオスタン**：埼玉県八潮市。在日パキスタン人が多い。

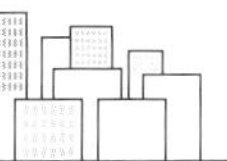

キルギスの奇習「誘拐婚」とは？

「誘拐婚」とは物騒な言葉だが，実際に強引に女性を誘拐して，結婚を迫る風習が21世紀の現在でも横行しているという。

誘拐婚は，かつてアジアやアフリカの遊牧民族や山岳部族の間で見られた風習であり，略奪婚ともいう。キルギスなど中央アジアでも，強い部族が弱い部族の女性を略奪したり，妻にするために他部族の女性を浚(さら)ってきたりすることは普通に行なわれていた。キルギス語では，誘拐婚を**アラカチュー**（Ala Kachuu）というが，その意味は「奪い去る」である。

誘拐されて，合意もなく，無理やり結婚させられるこのような風習は，もちろん重大な人権侵害であり，ソ連時代には「慣習に基づく犯罪」として法律で禁止され，1991年の独立後ももちろん違法である。しかし，キルギスでは今も毎年1万人以上の女性が誘拐され，そのうち約2000人がレイプ被害にあっているという。

この国の法律は，結婚目的の誘拐に対して5～10年の拘禁刑を定めているが，誘拐事件があっても，警察は黙認している場合が多く，誘拐犯が逮捕され，裁判で有罪となることはほとんどない。キルギス社会では法律よりも伝統や慣習が重視されており，たとえ女性が無理やり連れ去られて監禁され，そこで結婚を強要されても，女性が結婚を承諾すればそれは犯罪とは見なされない。

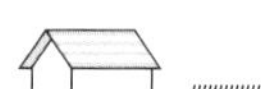

こんな方法で求婚されても，それを承諾する女性など日本ではまずいないだろう。しかし，キルギスでは誘拐された女性のほぼ８割が結婚を受け入れるという。どういうことだろうか。

通常，アラカチューは男が単独で実行するのではなく，男の仲間や親族の合意と協力がある。まず，男は仲間の協力を得て，目当ての女性を誘拐し，自宅へ連れ帰って監禁する。現在は昔のように有無を言わさず，強引に女性を妻にすることはしないが，男の家族や親族が結婚を受け入れるよう女性を説得する。もし女性が最後まで結婚を拒否すれば，女性を解放し，家に帰さなければならない。それが現在のアラカチューの暗黙のルールだ。

しかし，現実には誘拐された女性の多くは結婚を承諾してしまう。キルギスはイスラム教国であり，未婚の女性は処女性が重視され，一度でも男の家に足を踏み入れた女性はもはや純潔と見なされない。そうなると，その女性は一族の恥であり，もう他の男性との結婚は難しい。また，男の祖母など高齢女性から結婚の承諾を求められた場合，高齢の女性を敬うことはキルギスの伝統であり，それを断るのは非礼になる。結局，多くの女性は結婚を受け入れてしまう。今なお，アラカチューの風習がなくならないのは，遊牧時代からの伝統や慣習に根ざしたキルギスの人々のこのような道徳観や価値観が根源にあるからだ。

アラカチューによる結婚であっても，幸せな家庭生活を送る女性たちはいる。しかし，進学を諦めたり，仕事を失ったりする女性は少なくない。アラカチューが原因の殺人事件や女性が自殺するケースも発生している。「アラカチューはキルギスの文化ではなく，社会的弱者への権利の侵害だ」として，近年はアラカチューに対する批判と反対の声がようやく国内外で高まっている。

33 ウズベキスタンやカザフスタンに朝鮮民族が多いのはなぜ？

朝鮮半島から遠く離れた中央アジアの国々になぜ多くの朝鮮民族が移り住んだのか。そこには20世紀の負の歴史があった。

中央アジアに居住する朝鮮民族は**コリョ・サラム**と呼ばれている。コリョ・サラムは「**高麗人**」を意味する。高麗は10世紀に朝鮮半島を統一し，14世紀末まで続いた国だが，高麗という呼称は，その後も朝鮮や韓国の別称として広く使われている。英語のコリア（Korea）やロシア語のコリェヤ（Корея）の語源も高麗である。

現在，コリョ・サラムは中央アジアやその周辺地域に約50万人が居住している。とくに多いのはウズベキスタン（約20万人）とカザフスタン（約10万人）だ。

なぜ本国から6000km以上も離れた中央アジアにこれほど朝鮮民族が多く住むのだろうか。実は，彼らは旧ソ連時代の1930年代後半から第二次世界大戦中にかけて，それまで住んでいた極東の沿海州から強制移住させられたという苦渋の歴史を持っている。

1860年代，清（中国）からアムール川の東側の日本海に面した沿海州を獲得した帝政ロシアは，当時はほとんど住む人がいなかったこの地域を入植地として開放した。そこに飢饉が続いて生活に困窮した朝鮮半島の農民たちが移住するようになった。ロシアも彼らを積極的に受け入れ，1910年，日韓併合によって朝鮮半島が植民地化されると，

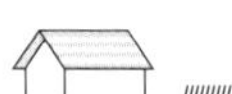

日本の政治的・経済的圧迫を逃れてさらに移住者が増え，沿海州には朝鮮民族のコミュニティが形成された。

しかし1922年，ロシア革命によってソビエト連邦が樹立すると，共産主義革命の波及を恐れる日本は，ソ連と激しく対立するようになり，国境を接するソ連も日本を警戒し，日ソ両国は互いを仮想敵国と見るようになる。そのような時勢下で，ソ連の指導者スターリンは，沿海州に居住する朝鮮民族が，対日協力し，日本のスパイとなるのではと妄想し，国境地域からの朝鮮民族の排除を命じた。この命令により，1937年までに沿海州のすべての朝鮮民族の強制移住が実行された。

彼らが移住させられたのは中央アジアの乾燥地帯である。移住者のほとんどは稲作農家や漁師であり，移住に際して政府からの支援はなく，乾燥地帯への適応に困難を極め，移住初期には数万人が死亡した。しかし，その後，灌漑施設の建設など努力を重ね，不毛の大地を一大農業地帯に変えることに成功すると，人口も次第に増えていった。

祖国を離れて100年の年月が流れ，世代交代が進み，現在，中央アジアに暮らすコリョ・サラムのほとんどはもう朝鮮語を話さない。しかし，衣食住など生活の随所にはまだ朝鮮文化の伝統が残されており，朝鮮民族としてのアイデンティティを持ち続けている人は多いという。

また，中央アジアの国々はいずれも多民族国家だが，コリョ・サラムは，どの国でも政治や文化，スポーツなど様々な分野での活躍が著しい。羽生選手が金メダルを取ったソチ・オリンピックのフィギュアスケートで，銅メダルだったデニス・テンや，モントリオール・オリンピックなどで五つの金メダルを獲得した女子体操競技のネリー・キムはカザフスタンのコリョ・サラムである。

20世紀最大の自然破壊，アラル海はなぜ，20分の1に縮小してしまった？

不毛の砂漠を広大な緑の耕地に変え，旧ソ連の社会主義の勝利と喧伝された「自然改造計画」はなぜ破綻した？

かつて，日本の東北地方とほぼ同じ，世界第4位の面積を誇った**アラル海**がわずか半世紀で20分の1に干上がり，埼玉県や奈良県よりも小さくなってしまった。カザフスタンとウズベキスタンにまたがるアラル海には，キルギスの天山（テンシャン）山脈を源流とする**シルダリア川**とタジキスタンのパミール高原を源流とし，トルクメニスタンを流れてくる**アムダリア川**が注いでいる。アラル海の水源はこの二つの河川のみだが，その水量が激減したのだ。

原因は，1960年代に旧ソ連が中央アジアの乾燥地帯を農地化するために推進した「自然改造計画」と呼ばれる灌漑事業である。大規模な灌漑用水路を建設してアムダリア川とシルダリア川から取水し，この地域の耕地は1.8倍，綿花生産量は3倍に増大した。しかし，多量に灌漑用水を取水したために二つの河川からアラル海への流入水量が5分の1以下に激減し，アラル海の水位が保てなくなったのだ。1960年代には年平均20cm，1970年代には年平均60cmのペースで水面が低下し，湖岸は毎年数kmずつ後退し続け，6万8000km^{2}あった湖水面積は2014年には3300km^{2}まで縮小した。

かつてのアラル海はサケやチョウザメなどの魚種に恵まれ，周辺住

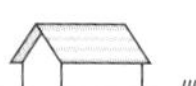

民は漁業を営んでいた。しかし，湖の縮小に加え，流入する淡水が減ったことにより，湖水の塩分濃度が上昇し，2000年には，海水の2倍の7%という高濃度に達し，魚介類が死滅し，アラル海の水産業は崩壊してしまった。

ソ連の科学者の中にはこの事態を予測し,開発に反対する者もいた。しかし，政府指導者は，たとえアラル海が消滅してもそこで生じる水産業の損失額は6000万ルーブルにすぎず，灌漑事業によって得られる利益は140億ルーブルに達すると試算した。また，政府はシベリアの河川水を中央アジアまで転流させることにより，アラル海の水問題を解決しようと計画した。ただ，この遠大なプランはソ連崩壊とともに夢物語となった。

他にも，植生や動物相などの生態系の破壊，干上がった湖底の塩分集積と砂漠化，砂嵐の頻発と寒暖差の拡大などの気象変化など，この無謀な開発を原因として様々な環境問題が起きた。

自然環境は一度破壊されてしまうと,修復することは容易ではない。大きな自然改変を伴う開発を行なう場合は，事前にその影響や結果を慎重に見極めなければならない。

ソ連が崩壊したため，アラル海問題には中央アジアの4ヵ国の利害が複雑に絡み，解決は多難だ。

しかし，2005年，カザフスタン領の北アラル海には水量調整機能を伴う近代的な堤防が建設され，水位が安定し，塩分濃度が低下して，かつてアラル海に生息していた多くの魚が戻ってきたのは明るいニュースだ。

アラル海の縮小

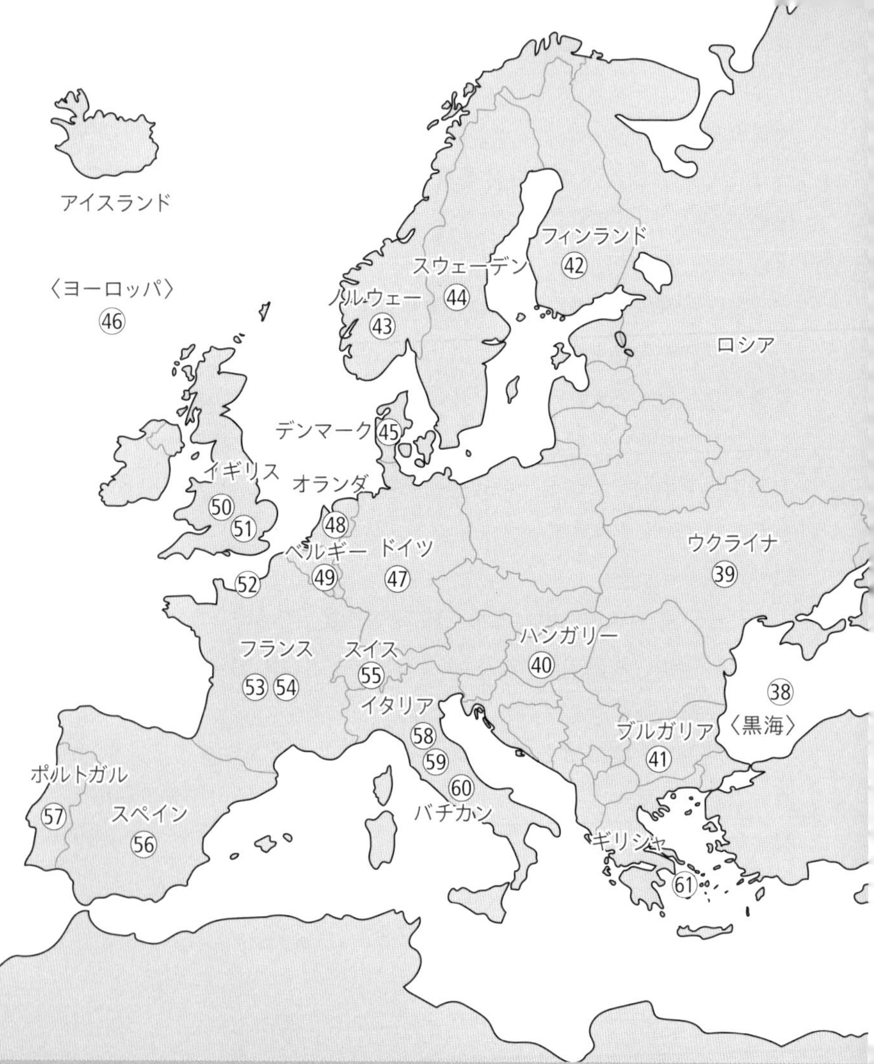

アイスランド
〈ヨーロッパ〉
46
フィンランド
42
スウェーデン
44
ノルウェー
43
ロシア
デンマーク
45
イギリス
50
51
オランダ
48
ベルギー
49
ドイツ
47
52
ウクライナ
39
ハンガリー
40
フランス
53
54
スイス
55
イタリア
58
59
60
バチカン
38
〈黒海〉
ブルガリア
41
ポルトガル
57
スペイン
56
ギリシャ
61

ロシア・ヨーロッパ

35 なんと氷点下71.2℃，世界一寒い町オイミャコン（ロシア）ってどんなところ？

オイミャコンはなぜそんな寒いのか？　そんな寒い場所になぜ人が住み，どのような暮らしをしているのだろうか？

オイミャコンは北海道のほぼ真北，ロシア東縁のシベリア内陸部の**永久凍土地帯**にあり，地球上で人が常住しているもっとも寒い町として知られている。1年の半分以上が冬で，12～1月には，太陽が顔を出すのは1日のうち3時間ほど，平均気温は-40℃，最低気温は-60℃を下回る。1926年に観測された-71.2℃は，世界最低気温（南極を除く）としてギネスに認定されている。

オイミャコンの寒さの原因は，周囲が山に囲まれているため，冬には北極圏から吹き付ける寒気が一帯に押し止められて蓄積することである。放射冷却によりシベリア高気圧が発達し，雪は降らず，空気が乾燥して寒暖差が激しくなる。夏と冬の気温の差はなんと100℃を超える。

このように過酷な気候のシベリアの僻地になぜ人が住むようになったのだろうか。オイミャコンとは先住民の言葉で「凍らない水」という意味で，温泉があるために川の水が冬でも凍らず，古くよりトナカイを飼う遊牧民にとってオアシスのような場所であった。さらに，100年ほど前には金鉱が発見されて，多くの人が移住するようになり，今は900人ほどの人が暮らしている。

しかし，一般の日本人がまず体験することがない気温-60℃の世界での人々の生活は，我々の想像を絶することが多い。日本人には信じられないが，次のようなことはオイミャコンでは当たり前なのだ。

· 水道がない…水道管が凍結するからだ。飲料水は氷を溶かして利用したり，週に1回やって来る給水車から配給を受ける。

· 洗濯物は外干し…意外だが，洗濯物は屋外に干す。そうすると水分はたちまち布の表面に霜となって吹き出すので，それを払い落として家の中に取り入れ，乾けば仕上がりだ。

· メガネに注意…うっかりメガネをかけたまま外へ出ると，冷え切ったメガネの金属部分が皮膚にくっつき，離れなくなる。素手でドアノブに触れたり，カメラを顔につけたりするのも禁物だ。

· 外で大声は禁物…口を大きく開けて声を出そうものなら，唾液が凍って針のようになり，それが唇に刺さりかねない。

他にもインクが凍るためペンが使えない，自動車のエンジンは一度切ってしまうと，二度とかからないなど驚くことばかりだ。

なお，-60.0℃では細菌やウイルスによる感染症にかかることはほとんどないらしい。それでもコロナウイルスはこのような超低温でも死滅しないのか，この地方でも多数の感染者や死者を出したという。

オイミャコン（1981–2010）の気温

	1月	2月	3月	4月	5月	6月	7月	8月	9月	10月	11月	12月
最高気温	-16.6	-12.5	2.0	11.7	26.2	31.1	34.6	33.1	23.7	11.0	-2.1	-6.5
平均気温	-46.4	-42.0	-31.2	-13.6	2.7	12.6	14.9	10.3	2.3	-14.8	-35.2	-45.5
最低気温	-65.4	-67.7	-31.2	-46.4	-28.9	-9.7	-9.3	-17.1	-25.3	-47.6	-58.5	-62.8

サハ共和国（ロシア）の凍土地帯に眠る「謎のお宝」と「時限爆弾」！

1万年前に絶滅した冷凍マンモス。サハの住民にとって，これがお宝であり，時限爆弾となっている。一体なぜ？

近年，地球温暖化が急速に進み，とりわけシベリアでは世界平均の2～3倍のペースで気温が上昇し，過去40年間で平均気温が1.9℃上昇したという。温暖化は環境に深刻な影響を及ぼす。シベリアの大地を広範に覆う永久凍土の融解という現象もその一つだが，その際に，凍土が融けた地中からしばしば氷結した**マンモス**が現われることがある。

そして今，シベリア北東部のサハ共和国ではゴールドラッシュならぬ「マンモスラッシュ」と呼ばれるマンモスの発掘ブームが起きている。マンモスは約400万年前に出現し，氷河期が終わった1万年ほど前に絶滅したとされるが，シベリアに生息していたのはケナガマンモスという種類で，牙が長いのが特徴である。その牙の長さはアフリカ象の約2倍，5mを超えるものもあり，この牙が珍重され，高額で売れるのだ。

マンモスの牙は「アイスアイボリー」とも呼ばれ，象牙のように置物や彫刻品，漢方薬に使われ，保存状態の良いものは1kg当たり7万ルーブル（約12万円）を超える値が付くまさに「お宝」なのだ。マンモスの牙の採掘はサハの住民にとって平均月収を超える貴重な現金

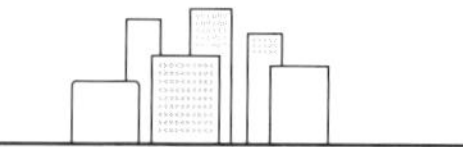

収入源となっている。サハ全体での産出量は年間100tを超え，その8割以上は中国へ輸出される。日本へも輸出され，日本では印鑑の材質に利用されることが多い。サハの広大な凍土地帯に眠っているマンモスの牙は50万tと推定され，現在の採掘ペースで掘り尽くすのに5000年はかかる膨大な量だ。

ただ，永久凍土からの採掘には大きなリスクがある。永久凍土の中の動物の死骸には，未知のウイルスや菌が含まれていることがあるのだ。2017年には，永久凍土の融解によって露出した動物の死骸から放出された炭疽菌が原因の感染症のため，100人以上が入院し，12歳の少年が死亡している。凍土の中には人類が出現する以前の未知の病原体が多く，新種のウイルスも発見されている。凍土の融解を「**感染症の時限爆弾**」と警告する学者もいる。

そのため，サハでは法律で牙の採掘は地表に露出したものだけに制限し，その場合の採掘も免許を取得した人に限定して認可しており，さらに産出した牙には安全性の検査を実施している。しかし，永久凍土を勝手に掘り起こすなど違法な採掘があとを絶たず，そのような牙は闇市場へ流れている。それらは安全性が確認されていないため，取り締まりの強化が求められている。

なお，絶滅の恐れがある野生動植物の国際取引を規制するワシントン条約では象牙の輸出入が禁止されているため，マンモスの牙はその代替品として需要が高まっている。しかし，マンモスの牙は象牙と類似しており，加工品になると外見から象牙と識別するのは難しい。マンモスの牙の流通は，ゾウの密猟や象牙の違法な国際取引を助長するので，マンモスの牙の取り引きにも規制を加えるべきだと主張する国々がある。

ロシアの民芸品「マトリョーシカ」のルーツは日本のこけし人形だった！

人形の中に人形，その人形の中からまた人形，そんなユニークなロシアの民芸品のルーツが日本のこけしってどういうこと？

体の中が何層も入れ子になっている**マトリョーシカ**は**ロシア**の伝統的な民芸品であり，お土産としても定番中の定番だ。ロシアを旅行したことがなくても，マトリョーシカはどこかで見たことがあるのではないだろうか。

昔のロシアの農村では，「マトリョーナ（Матрёна）」という名の女性が多かったが，「マトリョーシカ」はその親しみを込めた愛称で，日本風に言うならば「マトリョーナちゃん」である。マトリョーナは母を意味するラテン語の「マーテル（mater）」に由来し，「お母さん」を連想させる名である。そのため，マトリョーシカは人形の中から次々と人形が出てくるところから，安産や子宝に恵まれ，子孫繁栄の御利

ロシアの民芸品「マトリョーシカ」

益を運ぶ人形として，母親が嫁いでゆく娘に持たせる縁起物になった。

マトリョーシカは1900年のパリ万博に出展され，玩具部門で銅メダルを受賞し，ロシアを代表する民芸品として，一躍世界の人々に知られるようになった。しかし，このマトリョーシカ，実は日本のこけし人形がルーツだという説がある。

その日本のこけし人形とは，神奈川県箱根地方の名産品である**入れ子人形**である。江戸時代，箱根は七福神参りが盛んで，参詣人のお土産として七福神の置物が人気だった。いかんせん7体もある人形はかさばってしまい，持ち帰るのが大変だ。そこで，古くからあった入れ子式の弁当箱をヒントに，七福神を重ねて軽量化した下の写真のような入れ子細工が考案された。これが箱根の入れ子人形の始まりである。

そして，明治の初め，箱根に避暑で訪れたロシア正教会の宣教師がこの人形をロシアに持ち帰り，これをもとにして，ロシア風に頭にスカーフを巻き，エプロンをした農家の娘が描かれた入れ子人形が作られた。これが最初のマトリョーシカである。それ以後，ロシア各地で様々なマトリョーシカ人形が生産されるようになった。なお，モスクワの玩具博物館には，宣教師が持ち帰ったとされる七福神の入れ子人形が展示されている。

箱根の入れ子人形（箱根町立郷土資料館提供）

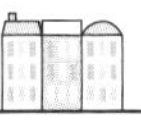

黒海はホントに黒いのか？

英語ではBlackSea，トルコ語ではカラデニズ（Karadeniz），ロシア語ではチョルノモーリェ（Чёрное море），ウクライナ語ではチョルノモレ（Чорне море），ルーマニア語ではマーラナーゲー（Marea Neagră），みんな「黒い海」という意味だ。

黒海はヨーロッパとアジアの間にあり，**ロシア**，**ウクライナ**，**ルーマニア**，**ブルガリア**，**トルコ**，**ジョージア**の6ヵ国に囲まれた内陸海である。面積は42.2万km^2，日本海の半分よりも少し狭く，英語では「BlackSea」，周辺国の人々も自国語で「黒海」と呼んでいる。はたして黒海はホントに黒いのだろうか。

黒海という呼称の由来を様々な文献で調べてみた。もっとも取り上げられていたのは硫化鉄が原因であるという説だ。湖のような内海になっている黒海は潮流や対流がほとんどないために海底が酸素不足になり，嫌気性バクテリアによって硫化水素が発生し，海水の色が黒味を帯びるという説である。また，黒海は塩分濃度が低いため，植物プランクトンが増殖し，透明度が低くなるので海水が黒っぽく見えるという説もある。

しかし,黒海を見てきた人たちに話を聞くと「黒海は黒くなかった。普通に青い海だった」と異口同音に言う。そうなると，実際には黒いわけではないのに，黒いのはこのような理由だという上記の二つの説には疑問が生じる。

興味深いのは，古代人が方位を色で表現したことが由来であるとい

う説である。日本でも国技館の土俵の上の四隅の房が4色なのは，青が「東」，白が「西」，赤が「南」，黒が「北」という方位を示していることをご存じだろうか。方位を色と結び付けるのは中国古来の思想で，風水にも通じる。この考え方は西アジアにも伝わり，アナトリア半島のトルコ人は半島の北側の海を北を意味する「黒の海」，半島の西から南に広がる海を西を意味する「白の海」と呼んだ。「白の海」とは現在の地中海のことである。地中海をトルコ語ではアクデニズ（Akdeniz）というが，これは「白い海」という意味であり，トルコ語で黒海を意味するカラデニズ（Karadeniz）に対する呼称だ。

なお，アラビア半島とアフリカ大陸の間に位置する紅海（英語ではRedSea）の語源にも諸説あるが，西アジアから見て南の海つまり「赤の海」が語源であるという説がある。

他には，古代ギリシャ人が自分たちが慣れ親しんだエーゲ海の明るい海と比較し，冬には嵐で薄暗くなる黒海を「薄暗い海」を意味するポント・アクセイノスと呼び，暗い海が黒い海になったという説がある。

古代ペルシャ人が，いつも晴天で明るい南側のペルシャ湾に対し，北方の海を「黒く暗い海」を意味する「アハシャエナ」と呼んだのが黒海の語源という説もある。

なお，黒海や紅海の他に，色の名が付く海として中国と朝鮮半島の間にある黄海（英語ではYellowSea）が有名だが，黄海という呼称はこの海に流入する黄河が大量に運ぶ黄土によって海が黄濁していることが語源である。

39

キ～ウ（ウクライナ）の地下鉄駅が世界一深い場所にあるわけとは？

その深さは実に105m，大阪のシンボルである通天閣（103m）がすっぽり埋まる。なぜ，そんなに深く掘ったのだろう？

2022年2月に始まったロシア軍の**ウクライナ**への軍事侵攻に，戦争は歴史の中の遠い過去の出来事だと漠然と思い込んでいた日本人はそれが幻想であったことを痛感した。連日，マスコミが伝える戦況や現地の惨禍に，我々は21世紀の現在でも戦争が身近に起こりうることを知った。そんな中，新聞にあった次のような見出しに気付かなかっただろうか。

「マリウポリの製鉄所地下に1000人超の市民」

「首都攻撃に備え数千人が地下鉄駅に避難」

どちらも多くの市民が地下に避難したことを報道しているが，その地下へ避難という状況が日本人にはなかなか理解しづらい。

この製鉄所の地下は一体どのようになっていたのだろうか。マリウポリ市内の海沿いにあるアゾフスタリ製鉄所の地下にあるのは単なる地下室ではなく，トンネルで迷路状に結ばれた東京ドーム235個分に相当する11km^{2}に及ぶ大規模**シェルター**なのだ。地下6階まであり，診療所・機械室・居住空間・弾薬庫さらに菜園まで備え，爆撃や封鎖に耐えるよう頑丈に建設されており，もはや地下要塞と呼ぶ方がふさわしい。

首都キーウの地下鉄駅も，シェルターとしての機能を備えており，1万5000人の収容が可能である。その深さはなんと105m，世界一深い場所にある地下鉄駅だ。エスカレーターでホームにたどり着くまでに約5分，そのエスカレーターも世界一の長さだ。

ウクライナは1991年に独立するまでソビエト連邦に属していたのだが，この駅がある地下鉄が開業したのは旧ソ連時代の1960年である。実は，ロシアの首都モスクワの地下鉄駅は最深85 m，ロシア第2の都市サンクトペテルブルグの地下鉄駅も86 mの深さにある。地下鉄駅を深くしたのは，冷戦下の旧ソ連時代に，戦時にはシェルターとして活用できるように建設したためだ。それらは核戦争を想定し，核爆発にも耐えられるとされているが，国家の最高機密であり，詳細は不明だ。なお，1973年に開通した北朝鮮ピョンヤンの地下鉄も地下100 mを超える深さに造られている。

もちろん地下鉄駅だけですべての市民を収容できるわけではない。ウクライナの場合，病院や学校，会社や工場など多くの建物には地下シェルターがあり，その数はキーウ市内だけで5000を超えるという。ただ，これらのシェルターは冷戦時代に西側からの攻撃に備えて造られたもので，ロシアからの攻撃で使われることになったのは，ウクライナにとってもロシア軍にとっても想定外だっただろう。

ちなみに，国内の人口に対する核シェルターの普及率は，ロシアが78%，アメリカは82%，イギリスは67%，スイスとイスラエルは100%，隣の韓国は地下鉄駅がすべて核シェルター化されるなど国内には全人口の約3倍にあたる1.6億人分のシェルターがある。しかし，世界で唯一の被爆国である日本の核シェルター普及率はわずか0.02%，日本の地下鉄駅には，核爆弾どころか台風が襲来すれば水浸しになってしまうところもある。

ハンガリー人のルーツは，アジア系の遊牧民族であるというのは真実か？

世界史の教科書には確かにそのように書いてあったが，今までのこの定説は，どうも改めた方がよさそうだ。

「ハンガリーは『フン族の土地』の意味であり，4世紀にアジアからヨーロッパに侵入してきたフン族をルーツに持つ国家だ」

「ハンガリーは，ウラル語族に属するアジア系民族が建国した」

「ハンガリーの国民の多くはアジア系のマジャール人である」

ハンガリー人のルーツについて，多くの本にはこのように記載されている。つまり，**ハンガリー**は「ウラル語族に属するアジア系民族の**マジャール人**が建国した国家」であるということだ。

その裏づけとして，「ハンガリーの赤ちゃんのお尻にモンゴロイドの特徴である蒙古斑が現われる」「人名の表記が日本や中国と同じように姓が先で名が後である」「ハンガリー語は日本語と語順がよく似ている」というようなことも記載されている。

しかし，近年，学校でも習ったこの定説が見直されている。まず，ハンガリーという国名の由来だ。4世紀にフン族の侵入があったのは事実だが，ハンガリーの語源はラテン語の「フンガーリア（Hungaria）」であり，フンガーリアは，7世紀頃，この地に居住していたトルコ系のオノグル人のラテン語名の「ウンガールス（Ungarus）」に由来する。フン族由来というのは俗説だ。

現在のハンガリー人のルーツが**ウラル語族**のマジャール人であるというのは確かである。マジャール人は，バルト海沿岸部からヨーロッパロシア北部に広がるウラル語族の一派で，ウラル山脈の南西部一帯で漁労狩猟生活を送っていた集団であり，そこから民族移動を繰り返し，9世紀末に現在の地に定住するようになった。かつて，世界の言語類型の分類として，ウラル・アルタイ語族という区分があり，ウラル語族とアジア系のアルタイ語族が一括りにされていた。そのため，ウラル語族もアジア系と考えられるようになったようだが，類似していても同系性を示す証拠がなく，現在ではウラル語族とアルタイ語族は別々に扱われている。

また，マジャールという呼称は，13世紀中頃，この地方に侵攻したモンゴルを意味するペルシャ語の「ムガル」が転訛した言葉だという説があり，それもマジャール人つまりハンガリー人がアジア系と考えられるようになった理由の一つかもしれない。

それでは，アジア人の特徴とされる蒙古斑がハンガリーの赤ちゃんに見られるのはなぜだろうか。ハンガリーの祖先の人々にはその歴史や地理的位置からアジア系民族との混血の機会が他のヨーロッパ各地の民族より多かったことは想像に難くない。これがハンガリー人に蒙古斑が現われる理由と考えられるが，実際には蒙古斑が現われる赤ちゃんは少数であり，ヨーロッパの他の民族でも頻度は低いが蒙古斑が現われることはある。

ハンガリー語の人名表記や語順がアジアの言語と似ているのは，ヨーロッパに多いゲルマン系やラテン系の民族がインド・ヨーロッパ語族に属するのに対し，ハンガリー人（マジャール人）はアジア系のアルタイ語族と居住地が近いウラル語族に属することが理由だろう。

ブルガリアといえば「ヨーグルト」「ヨーグルト」といえばブルガリア

ヨーグルトの発祥地ではなく，生産量や消費量が世界一でもないブルガリアがヨーグルトで有名になったのはなぜ？

ブルガリアがどこにあるのか，どんな観光地があり，どんな人々が住んでいるのか，ブルガリアという国をほとんど知らない日本人でも，「**ヨーグルト**の本場はどこ？」と問われるとほとんどの人はブルガリアと答えるだろう。もちろんヨーグルトがブルガリア人のソウルフードであることは確かだ。しかし，ブルガリアはヨーグルトの発祥地でもなければブルガリア人が世界でもっとも多くヨーグルトを食べているわけでもない。

ヨーグルトの発祥地であり，国民１人当たりのヨーグルト消費量が世界一の国は，**トルコ**である。ヨーグルトという言葉も，トルコ語でヨーグルトを意味する「ヨウルト（yoğurt）」に由来し，ヨウルトは「攪拌する」という意味の動詞yoğurmakの派生語である。

ヨーグルトの起源は古く，紀元前7000～5000年頃まで遡る。その頃，すでに現在のトルコ付近から中央アジア一帯に住む人々は，牛や羊を飼育してその乳を飲用にしており，その乳を入れた木桶の中で乳酸菌が自然増殖したことで，偶然にできたのがヨーグルトである。

トルコはヨーグルト発祥の地だけあって，今も国民はヨーグルトをよく食べる。国民1人当たりの年間消費量は約35kg，世界一である。

日本は約7kg，トルコの5分の1にすぎない。しかし，トルコが世界一のヨーグルト大国であることは日本ではあまり知られていない。日本人にとってヨーグルトといえばブルガリアなのだ。その理由はおそらくおわかりだろう。そう，株式会社明治のロングセラー商品「**ブルガリアヨーグルト**」だ。

ブルガリアヨーグルトは，1970年に開催された大阪万博のブルガリア館に出品されていたヨーグルトを当時の明治乳業社員が試食して感銘を受けたことが開発のきっかけである。本場の味を再現するため，ブルガリアから輸入した乳酸菌を使って試作を繰り返し，翌年，日本初のプレーンヨーグルトを発売した。1973年には，商品名に「ブルガリア」という国名を使用することをブルガリア政府から許可され，「明治ブルガリアヨーグルト」が誕生した。今や，ブルガリアヨーグルトは日本国内のヨーグルト市場の3割を占めるトップブランドであり，ブルガリアと聞くと誰もがヨーグルトを連想する。

ブルガリアの国民1人当たりのヨーグルト消費量は年間約28.9kg，トルコに次いで世界第2位だ。ブルガリア人はヨーグルトをそのままでも食べるが，スープやソースにしたり，サラダに使ったり，様々な料理に活用する。また，ヨーグルトには免疫力を高める効果があるため，ブルガリアの医者は患者には必ずヨーグルトを食べるよう勧めるという。

なお，最近，ブルガリアでは，日本人が登場するヨーグルトのＣＭがテレビで放映されているらしい。これは，若年層を中心にヨーグルト離れが進んできたため，ブルガリアのヨーグルトが日本では健康食として高く評価されていることを紹介し，ヨーグルトの国内消費を増やそうという狙いだそうだ。

フィンランドが世界一の サウナ王国になったワケ

フィンランドにサウナが広まったのはいつ頃？なぜ？フィンランドの人々にとってサウナとは？

風呂好きで知られる日本人にはサウナの好きな人も多い。ホテルや旅館，温浴施設などにある国内のサウナ施設の数は約4500ほど，しかし，日本の家庭には，サウナの設備はほとんど普及していない。一方，「**サウナ王国**」といわれる**フィンランド**は，人口は約550万人で日本の20分の1にも満たないが，国内のサウナの数は何と300万を超える。

フィンランドのほとんどの一般住宅には浴槽のある浴室がない。なぜなら，この国には日本のようにお湯に浸かって身体を温めるという習慣がないからだ。しかし，ほとんどの住宅にはサウナが備わっている。マンションには共同サウナが完備されており，各戸にサウナが付いているマンションもある。ホテルやコテージなど宿泊施設にはもちろん，街中には公衆サウナがあり，オフィスにもサウナがある。フィンランドの人々にとって，サウナのない生活は考えられず，サウナはリラックス，リフレッシュの場であるばかりではなく，家族団らんの場であり，社交の場なのだ。

フィンランドのサウナの歴史は2000年以上前に遡る。薪を焚いて室内を熱と煙で充満させ，麻の乾燥や肉などの食料を燻製にするために使っていた小屋を，いつしか沐浴のための場所として使うようにな

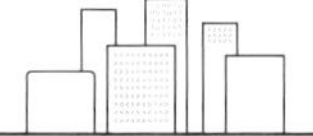

ったのが起源とされる。**スモークサウナ**である。冬が長く寒さが厳しいため，人々はサウナ浴で寒さを凌(しの)ぎ，身体を温めて疲れを癒やすようになったのだ。昔は女性の出産にもサウナ部屋が使われた。サウナ内のスモークには抗菌作用があり，出産時の感染症リスクを抑えられた。さらに，病気の時はサウナで療養したり，家族が亡くなったときには葬儀の前にサウナで死者の身体を浄めたりもした。

ただ，スモークサウナは室内が暖まるのに時間がかかるため，やがて，熱く焼けた石の上に水をかけて水蒸気を発生させ，手っ取り早く室内が高温になる**ロウリュサウナ**が普及する。

そして，今から90年ほど前の1936年，ベルリン・オリンピックの際にフィンランドの選手団が宿舎に持ち込んだサウナが，選手の体調管理やメンタルヘルスに有効であると評判になり，大会に参加していた世界各国に一気に広まった。

1964年，東京でオリンピックが開催されたときにも，フィンランド大使館の協力を得て，選手村にサウナが設けられ，各国選手から好評を得た。このことがテレビや新聞でも取り上げられると，それまでサウナに馴染みがなかった日本人も，サウナというものを知り，オリンピック後，国内でも次第にサウナが広まってゆく。

2020年には，フィンランド式サウナの伝統がユネスコ無形文化遺産に登録された。

なお，サウナ（sauna）は「蒸し風呂」を意味するフィンランド語だが，英語やフランス語，ドイツ語でもsaunaである。しかし，フィンランドに隣接するスウェーデンでは，サウナではなくバストゥ（Bastu），ノルウェーではバッドステュエ（Badstue）という。

43

日本の回転寿司をノルウェーの水産業が支えているってどういうこと？

昭和の頃には誰も食べていなかったサーモンが，今では回転寿司で人気ナンバーワンだ。ノルウェーとどういう関係があるのだろうか？

大手水産会社のマルハニチロが2022年に実施した調査によると，「回転寿司でよく食べるネタ」は，11年連続で**サーモン**が第1位だった。2位のマグロの34.7%や3位のハマチ・ブリの34.5%を大きく上回る51.1%，回転寿司を訪れた客の半数以上がサーモンを注文していることになる。「脂がのっていて甘味がある」「臭みがなく食べやすい」「低価格でおいしい」などが人気の理由で，サーモンは子どもや外国人にも好まれている。

しかし，今でこそ人気ナンバーワンだが，実は，寿司ネタとしてサーモンは昔からあったわけではない。サーモンといえば**鮭**のことだが，鮭は縄文時代から食用としている日本人にとって馴染み深い魚であり，新巻鮭は正月の縁起物，コンビニのおにぎりでも鮭は売れ筋商品だ。しかし，回遊魚である鮭はアニサキスなど寄生虫の感染の恐れがあるため，食べるときは火を通さねばならず，生で食べることができない。鮭は刺身や寿司ネタには使えないのである。

回転寿司で使われているサーモンは，日本の鮭ではなく，その多くは**ノルウェー**で養殖された**アトランティックサーモン**という別の魚である。なぜ，ノルウェーの養殖魚が日本の人気寿司ネタになったのか，

そこには「Project Japan」と呼ばれるノルウェー政府が推進した経済戦略があった。

ノルウェーの海岸部にはフィヨルドと呼ばれる複雑な湾や入り江が形成されている。湾内には沖を流れる暖流が流れ込んで，常に新鮮な海水が供給され冬でも凍結することがない。フィヨルドの周囲は険しい山々が迫り，人はほとんど住んでいないため，海が生活排水で汚染されることもなく，波静かな湾内は養殖にとって最適の環境であり，1970年頃より水産養殖が発展してきた。

しかし，ノルウェーは人口が540万ほど，国内市場が狭いため，海外に市場を広げる必要があり，そこでノルウェー政府が着目したのが世界有数の魚の消費国である日本である。

1974年，日本の魚食文化の調査のため，ノルウェーの視察団が日本を訪れる。そのときに視察団が注目したのは，魚を生食する日本の文化，とりわけにぎり寿司である。それまで日本人が食べていなかった生サーモンを寿司ネタとして使うことができれば，日本はノルウェー産サーモンの最大の供給先になると判断した。

日本人は鮭を生では食べないため，鮭とは呼ばず，魚の名を英語の「サーモン」とし，まず名前に新鮮味を持たせた。サーモンにとって最適の広さ，水温，塩分濃度の養殖場では，特別に配合されたエサを与え，脂ののりや身の弾力など優秀な血統のサーモンだけを親魚として，何年もかけて品種改良を進めた。

さらにノルウェーの首相自ら生サーモンの握りを回転寿司店で振る舞うなどプロモーションを重ね，今では，サーモンは子どもから大人まで日本人にもっとも好まれる魚となった。

日本で評価を確立したノルウェー産サーモンは今では146ヵ国に輸出されている。

44

リゾートホテルのような北欧の刑務所，なぜ犯罪者にそんなに優しいのか？

「ムショ」「塀の中」「臭い飯」日本人がイメージするそんな刑務所とはまったく異なる刑務所が北欧の国々にある。

罪を犯した者を拘禁して自由を剝奪し，相応の償いをさせる場所，これが日本の刑務所である。受刑者は社会から隔離され，スーパーへ買い物に出かけることや週末に外泊をするなど，日本の刑務所ではもちろんあり得ないことだ。しかし，日本人には驚きだが，北欧諸国の刑務所ではこれらがあり得るのだ。

世界一豪華で人道的とされるノルウェーのハルデン刑務所を紹介しよう。収容人数は最大252人，殺人犯やレイプ犯などの凶悪犯もここに収容されている。監房はすべて個室で，窓は大きく鉄格子などはなく，高級ベッド，シャワートイレ，テレビ，冷蔵庫などが完備されている。共用施設としては，CDやDVDが充実した図書室，設備が整ったトレーナー付きのスポーツジム，音楽ルームではバンド活動ができ，キッチンでは好きな料理を作ることができる。30haの緑豊かな敷地内には木々に囲まれたジョギングコースがある。制限付きではあるが，外のスーパーに買物に出かけたり，自宅へ帰って外泊し，家族と過ごすこともできる。

離島にあるバストイ刑務所では，受刑者はコテージで暮らし，テニス，乗馬，釣り，海水浴などを楽しむことができる。

フィンランドのケラヴァにある刑務所は開放刑務所と呼ばれ，外の大学に通うことや監視付きだが旅行も認められている。これらの刑務所で唯一許されないのは逃亡することだ。

なぜ，犯罪者を厳しく罰して，彼らに罪の意識を持たせないのだろうか。なぜ，刑務所がリゾートホテルや大学の学生寮のように豪壮なのだろうか。ヨーロッパでは1970年代頃から**「罰するよりも治す」**という考えから，犯罪者であっても人格を尊重し，彼らを一人の人間として扱い，更生・社会復帰させせることが重視されるようになってきた。とりわけ，社会福祉が進んだ北欧の国々にこの傾向が強い。そのためには，受刑者を社会から隔離するのではなく，社会とのほどよい距離を保ち続けることが重要だと考えている。また，彼らが罪を犯した背景には，貧困や愛情不足などの境遇や厳しい生活環境がある場合が多く，厳しい刑務所生活よりも，なるべく一般人と同じように自由で快適な生活を配慮することによって，彼らは自分が社会の一員であることを自覚し，健全な心で社会復帰できるのだという。

受刑者が刑期を終え，社会へ戻ったあとの再犯率を見ると，日本は41%，アメリカは55%，イギリスは72%だが，ノルウェーは20%，フィンランドは36%，スウェーデンは41%と他の先進諸国より低く，北欧の豪華で開放的な刑務所が出所者の更正に一定の成果を上げていることがうかがえる。

とはいえ国内外を問わず，犯罪者を甘やかしすぎだとか，国民の税金で犯罪者がぬくぬくと暮らすなんて納得できないというような声が少なくないことも事実である。

北欧5ヵ国の国旗がそっくりなのはなぜ？

どの国にとっても国旗は国のシンボルであり，その国の歴史や文化を表わしている。北欧5ヵ国の国旗の事情とは……

右ページの下は，**デンマーク**，**フィンランド**，**スウェーデン**，**ノルウェー**，**アイスランド**の北欧5ヵ国の国旗である。配色は異なるものの単色の背景に交点が左側に寄った横長の十字というデザインはほぼ同じだ。この十字は「**スカンジナビア・クロス**」と呼ばれ，世界でこの5ヵ国だけに共通するデザインだ。

これらの国旗の元になっているのはデンマークの国旗である。現在のデンマークは，ユトランド半島とその東方の島々を領土とし，面積は日本の九州ほどだが，バイキング時代の9～14世紀には，活発に海洋進出し，一時はスカンジナビア半島からアイスランドを支配した。ヨーロッパでもっとも古い君主国（世界一古い君主国は日本）であり，当時から使われているデンマーク国旗は世界最古の国旗としてギネスブックにも登録されている。

デンマーク国旗の由来として，13世紀初め，デンマーク王がエストニア軍との戦いで苦戦しているときに空から旗が舞い降りてきて，その旗を掲げたところ勝利することができたという伝説がある。実際は，ローマ教皇が十字軍の印として授けたのが始まりらしく，「ダンネブロク」（デンマークの力・赤い布の意味）と呼ばれていた。赤は

古くからカトリック教会をあらわすシンボルカラーである。

ただ，当初は右の図のように旗は四角形ではなく，右辺には燕尾型の切り込みがあった。この切り込みや，十字の縦軸が中心からやや左側つまり旗竿側に寄っているのは，旗が風に勢いよくはためいた時に見栄え良く見せるためである。今でもデンマークの政府公用旗や陸軍旗にはこの燕尾型の旗が使われている。

当初のデンマークの国旗

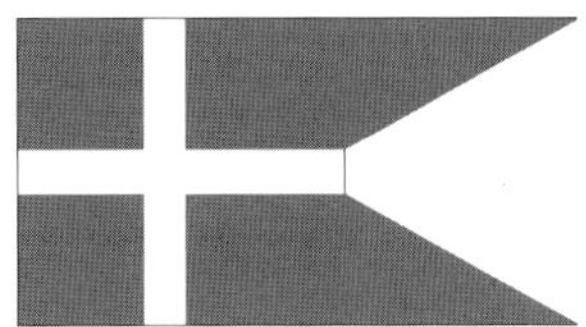

デンマーク以外の4ヵ国がスカンジナビアクロスの国旗を採用しているのは，これらの国々がかつてデンマークの支配を受けていた名残りである。

北欧諸国の国旗

デンマーク　フィンランド　スウェーデン

ノルウェー　アイスランド

46

ヨーロッパでは，ほとんど地震がないというのはホントだろうか？

報道されなくても日本では毎日どこかで地震が起きているが，イギリスではマグニチュード1の地震が新聞一面のトップ記事になった。

2011年の東日本大震災以降の12年間に，日本とその周辺で発生している地震の数は年間平均3155回，これは世界の地震のほぼ2割に相当する。日本は世界でも有数の地震国だが，その一方，ヨーロッパの国々はほとんど地震がなく，一生のうちに一度も地震を経験しないという人も多いという。地震は，地球の表面を覆っているプレートの境界に近いほど発生しやすいことが知られているが，ヨーロッパの国々の多くは大陸プレートの境界から離れた硬いプレート上にあるため，地震が発生しにくいのだ。

ドイツの場合，日本では年間約15回発生するマグニチュード6以上の地震が過去100年間一度もなく，マグニチュード4クラスの地震が数年に一度あるかないかである。近年では，2002年にドイツ西部のアーヘン付近でマグニチュード4.8，2011年にはルール地方で4.6の地震があったが，被害はほとんどなかった。ちなみにマグニチュード4クラスの地震は，日本では日常であり，年間約1000回，毎日，日本のどこか約3ヵ所で発生している。

イギリスでも，1880年に北海で発生したマグニチュード6.1の地震がもっとも大きな地震で，それ以降140年間マグニチュード6以上の

地震は一度も発生していない。ただ，2008年にイングランド東部でマグニチュード5.2の地震が起きたときは，レンガ造りの家が崩れて死者が出た。しかし，揺れが小さかったため，多くの人はそれがまさか地震だったとは思わず，翌朝のニュースで地震だったことを知って驚いたという。

フランスの場合も，規模の小さい有感地震が年に10～15回ほど発生するくらいだ。近年では，2019年，南仏のルテイユ付近でマグニチュード5.4の地震が発生している。中世に建てられた教会が倒壊してけが人が出たため，知事は，家屋には立ち入らないよう呼びかけ，大勢の市民が体育館に避難した。このクラスの地震も日本では日常だが，この地方では140年ぶりの大地震だった。

ただし，ヨーロッパでも，ユーラシアプレートとアフリカプレートの境界にある地中海沿岸のイタリアやギリシャのように地震が多い国もある。**イタリア**中部で，1980年に起きたマグニチュード6.9のイルピニア地震では約3000人の犠牲者を出し，28万世帯が住居を失った。**ギリシャ**では，2020年にエーゲ海でマグニチュード7.0の地震があり，27人の犠牲者を出している。

ユーラシアプレートと北アメリカプレートの境界に位置する**アイスランド**も地震多発国だ。2021年3月には火山性の群発地震が2週間に3万4000回と驚異的な回数を記録している。

近世以降，ヨーロッパで発生した最大の地震は，1755年に**ポルトガル**を中心に西ヨーロッパの広範囲に被害を与えたリスボン地震である。マグニチュードは東日本大震災クラスの8.5～9.0と推定され，津波による犠牲者1万人を含む約6万人の命が奪われた。海外進出で隆盛を極めていたポルトガルの衰退のきっかけは，このリスボン地震の影響だったという見方がある。

日本の医学用語にドイツ語由来の言葉が多いのはなぜ？

ドイツで有名なものはナニ？　ある調査によると，ビール，ソーセージ，自動車は納得！　そして医学と答える人も多かった。

ドクトルやカルテという言葉が，元はドイツ語であることはご存じの読者も多いと思うが，下に示したように医学や医療に関連した用語には**ドイツ語由来**の言葉が数多い。今はほとんどそんな医者はいないだろうが，以前は，患者のカルテを書くときは必ずドイツ語が使われていたという。

その理由として，近代医学がドイツで発展し，ドイツが世界の医学をリードしていたということがよく語られる。あながち間違いとはいえないのだが，18世紀にヨーロッパで近代医学が開花したのは，まずイギリスやオランダである。イギリス人医師ジェンナーが種痘を開発した頃だ。19世紀に入ると，フランスが新たな近代医学の中心地となる。その頃までヨーロッパの片田舎にすぎなかったドイツで本格

ドイツ語由来の医学用語

アルコール，カテーテル，ルーペ，メスシリンダー，ガーゼ
カプセル，ギプス，インスリン，ワクチン，カロリー，コラーゲン
ホルモン，カフェイン，カロチン，ツベルクリン，ビールス
ヘルニア，ポリープ，チアノーゼ，アミラーゼ，アレルギー
ノイローゼ，ヒステリー，アドレナリンなど

的に医学が発達するのは，ドイツ帝国が成立し，宰相ビスマルクが富国強兵策を進め，科学技術の分野においてドイツが次第にその存在感を示すことになった19世紀後半以降のことである。

そもそも医学用語にドイツ語由来の言葉が多いというのは日本に限った傾向である。カルテは日本語で正式には「診療録」というが，英語では「medical record」，これをカルテと呼ぶ国はおそらく日本だけだろう。インフルエンザビールスという言葉を年配の方はご存じかと思うが，世界的にはドイツ語のビールスではなく，ラテン語由来のウイルスという言葉が主流で，日本でも今ではインフルエンザウイルスと呼ぶのが一般的だ。

日本でドイツ語由来の医学用語が多く使われているのは，文明開化後の明治政府が欧米の近代医学を導入する際に，ドイツ医学を採用したからである。軍医や大学の医学講師として，いわゆる「お雇い外国人」としてドイツ人医師を招き，日本からも多くの医学生をドイツへ留学させたので，当然，日本国内では医学関連の言葉はドイツ語がそのまま使われたわけだ。

それまでのイギリスやフランスを中心とするヨーロッパの医学が，**病院医学**と呼ばれ，もっぱら病院における病人の観察を中心に，予防・治療を重視する実学的医学であったのに対し，新興のドイツ医学は，研究施設で病気の原因を追及する自然科学的な医学であり，**研究室医学**と呼ばれた。とりわけ，ロベルト・コッホが結核菌やコレラ菌を発見するなど，細菌学の分野における成果が著しい。近代化を急いだ明治政府は，従来のヨーロッパ医学ではなく，ドイツモデルの新しい医学が日本にとって重要であると判断したのである。

ドイツ医学を学んだ北里柴三郎や志賀潔が，その後の日本医学のパイオニアとして業績を残したことは周知の通りである。

48 オランダで売春が合法化されたのはなぜ？

売春は，日本では60年以上も前から禁止されているが，オランダでは成人同士の合意があれば買春も売春も自由である。

アムステルダムに「飾り窓地区」と呼ばれる観光スポットがある。英語では「Red-light district」といい，アムステルダム屈指の観光地だが，日本の旅行ガイドブックにはほとんど紹介されていない。なぜならそこはいわゆる赤線地帯，つまり売春宿が集まっているエリアだからだ。ここには300軒ほどの売春宿があり，他にもアダルトショップやシアターが並び，毎年1800万人もの観光客が押し寄せる。売春宿は「**飾り窓**」と呼ばれ，軒に赤いランプを灯したドアが道路に面してずらりと並び，ドアは中がよく見えるようガラス張りになっている。そして，その内側に肌も露わなランジェリー姿の女性が立っていて客を誘う。それぞれのドアの奥は個室になっており，サービス内容や料金は客と女性の交渉で決まるらしい。

オランダではなぜ売春が禁止されていないのだろうか。日本など売春を禁止している国は多いが，どの国でも裏では違法な営業が行なわれているのが実態だ。オランダでも，古くから貿易港として栄えてきたアムステルダムには多くの飾り窓があり，売春は規制されず，長らく黙認されてきた。しかし，冷戦終結後の1990年代，東ヨーロッパから不法入国し，飾り窓で働く女性が増え始める。それに伴って，飾

り窓の経営者や売春斡旋業者による搾取や虐待，強制売春，未成年女子の就労，さらに人身売買やエイズの蔓延など多くの問題が顕著になってきた。

そこで，政府は売春に従事する女性を搾取や暴力から守るため，それまで野放し状態だった売春を2000年に正式に合法化し，女性たちを公的な管理下に置くことにしたのである。女性が売春に従事する場合は個人事業主として登録が必要となり，仲介業者の介在を禁じ，飾り窓の経営も認可制とするなど，性産業は政府の厳しい管理下に置かれるようになった。その結果，アムステルダム市内の飾り窓は，その後の20年間で5分の1に激減したが，女性たちは正規の労働者として尊重されて，他の職業と同じように雇用保険や健康保険が適用されるようになった。女性たちは飾り窓のオーナーから1日とか半日単位で個室を借りて自主的に営業している。もちろん税金を収め，また定期的に健康診断も受けなければならない。合法化されるまでは当たり前のようにあった第三者が売春を仲介するような中間搾取的な行為は禁止である。

なお，売春以外にも，オランダでは大麻，安楽死，同性愛者同士の婚姻なども合法化されている。オランダは自由と寛容をアイデンティティとする国なのだ。オランダ人から見れば，それらが認められていない日本が不合理な国なのかもしれない。しかし，その一方で，売春は女性をモノ扱いする悪習であり，売春は禁止すべきだと主張する人たちがいるのも事実である。

49

九州よりも狭いベルギーが多言語国家になったのはなぜ？

ドイツにドイツ語，イタリアにイタリア語，国は狭くてもオランダにはオランダ語がある。しかし，ベルギー語という言語はない。

ベルギーの人口は東京都の8割ほどの1150万人。面積は約3万km^2，九州より少し狭く，関東地方よりやや広い。北のゲルマン系言語圏と南のラテン系言語圏の境界にまたがる「ヨーロッパの十字路」と呼ばれる位置にあり，かつては国家として存在せず，ローマ帝国時代より絶えず周辺諸国の支配を受けてきた。

1830年，オランダから独立するが，上記のような地理的条件から，この国の北半分のフランドル地域には**オランダ語**を話すゲルマン系のフラマン人，南半分のワロン地域には**フランス語**を話すラテン系のワロン人，さらにワロン地方のドイツとの国境地域には**ドイツ語**を話すドイツ系の人々が居住し，近年，首都のブリュッセルには中東系の住民が増えており，民族構成は複雑だ。

国家として長い歴史を積み重ねてきたわけでもなく，民族や言語が共通するわけでもないのに，なぜベルギーは一つの国家として成立したのだろうか。転機は1815年のウィーン会議である。中世以降，ベルギーは神聖ローマ帝国，フランス，オーストリア，スペインなどの支配を受けていたが，ナポレオン戦争後の戦後処理の一環として開かれたこの会議でオランダ領に編入される。もともとベルギーとオラン

ダは一つの地方と考えられていたのだ。しかし，オランダとベルギーとは根本的に違うことがあった。それは宗教だ。カトリック信者の多いベルギーの人々は，カルヴァン派のプロテスタントが多いオランダの統治に反発し，自治を求めて各地で暴動を起こす。そして，1830年，ついに独立を勝ち取る。民族や言語が異なっていても，人々はカトリックという同じ信仰の下にベルギーという国家を建国したのである。

しかし，民族や言語の違いは複雑で深刻な問題だ。国王や首相など政治家は基本的にオランダ語もフランス語も話せなければならず，閣僚は両語の代表を同数選ぶことが規定されている。1963年，国土を南北に分ける言語境界線が設定され，ベルギーは連邦政府とは別に次の3地域が地域政府を持つ連邦制となった。

○フランドル地域（**オランダ語**が公用語）

○ワロン地域（**フランス語**と**ドイツ語**が公用語）

○ブリュッセル首都地域（**オランダ語**と**フランス語**が公用語）

連邦政府は外交・国防・司法などの権限を持ち，地域政府は経済・地域開発などを担当する。また，地域政府とは別に教育や文化などを管轄する言語別の共同体政府がある。

それでも，近年は地域間で経済格差が広がり，経済的に豊かなオランダ語圏には，分離独立すべきだとの運動が高まっているという。

ベルギーの言語別共同体

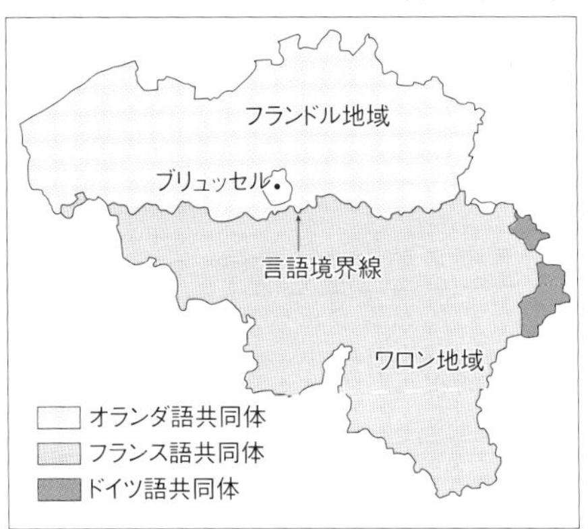

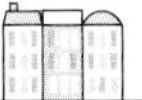

サッカーやラグビーのワールドカップにイギリス代表が出場しないのはなぜ？

もし，サッカーやラグビーでイギリスが代表チームを編成すれば，世界最強チームが実現するかもしれない。

FIFAワールドカップといえば，予選を勝ち抜いた各国代表チームによりサッカー世界一を決める大会であり，オリンピックに匹敵する一大スポーツイベントだ。ラグビーのワールドカップも，2019年に日本で開催され，日本代表チームが躍進したこともあって，近年は注目度が高まっている。

ちなみに，世界的な人気スポーツであるサッカーもラグビーも，発祥の地がイギリスであることはご存じの方も多いと思う。ただ，サッカーやラグビーのワールドカップには，その本家であるイギリスの代表チームが出場しない。イギリスは**イングランド，スコットランド，ウェールズ，北アイルランド**の４ヵ国で成り立つ「連合王国」であり，ワールドカップにはその４ヵ国がそれぞれの代表チームを結成して参加している。オリンピックではどの競技もイギリスとしての代表チームを送り込んでいるのに，なぜワールドカップでは統一チームを編成しないのだろうか。また，なぜイギリスにはそのような特例が認められているのだろうか。

ワールドカップを主催する**FIFA（国際サッカー連盟）**が誕生したのは1904年である。しかし，イギリスではそれよりも早く，イング

ランドサッカー協会が1863年に設立され，スコットランド，ウェールズ，アイルランドでも1880年代までにサッカー協会が設立されている。それぞれの協会は独自に活動を続けており，FIFAの発足の際には4協会は個別の参加を申請した。当時はFIFAへの加盟は1国1代表（1協会）が原則だった。しかし，民族や利権の問題も絡み，4協会は統合を拒否する。結局，FIFAは，サッカー発祥の地であり，当時は最強国であったイギリスの加盟が不可欠であると判断し，4協会の個別参加を承認した。

そして，その後は，一定の自治が行なわれている場合には，その地域のチームの出場をFIFAが認めるようになった。その結果，中国は本国以外に台湾，香港，マカオが，また，中東のパレスチナなども独自の代表チームを編成して大会に臨んでいる。

ラグビーの場合は，1890年にイギリスの4協会が国際ラグビーフットボール評議会を発足させた。この評議会には1949年にはオーストラリア，ニュージーランド，南アフリカ共和国が加盟し，1994年にはそれまで別組織で活動していたフランスなど9ヵ国も加盟する。現在は128協会が加盟する世界のラグビー界を牽引する機関として，名称を「**ワールドラグビー**」と改め，ワールドカップを主催している。

しかし，オリンピックでは1国1代表しか認められておらず，代表チームを持たないイギリスは，オリンピックのサッカーにはほとんど出場していない。地元開催となった2012年のロンドン大会では，さすがに自国チームの活躍をみたいと，4協会から選抜した代表チームの実現を期待する声はあったが，結局，スコットランドが同意せず，イングランドとウェールズだけの混成チームの出場となった。スコットランドの人々にとって，自分たちの母国はスコットランドであって連合王国ではないという複雑な感情が関係しているようだ。

イギリス人は，雨が降っても傘をささないというのはホントなのか？

イギリスは雨の日が多い。しかし，イギリス人は傘をささない。公共施設に傘立てが見あたらない。そこには意外な理由が……

少々の雨では欧米人はあまり傘をささないというが，その代表格とされるのがイギリス人である。もちろんイギリス人がまったく傘をさささないわけではないが，よほどの雨でなければ傘をささずにやり過ごす人が多いのは確かなようだ。

その理由はまずイギリスの気候である。イギリスには「一日の中に四季がある」という諺（ことわざ）があるが，とにかく天気がコロコロとよく変わる。しとしとした雨が降ったりやんだりしているかと思うと，突然ザーッと降ったり，強い陽射しが差し込んだりする。日本のように一日中晴れとか一日中雨というようなことがほとんどないのだ。首都ロンドンの年間降水量は594mm，これは東京の1406mmよりかなり少ないが，年間の降雨日数は164日あり，東京の113日の約1.5倍だ。フランス人の画家モネがロンドンの風景を描いていたとき，天気があまりにめまぐるしく変わるので「絵の色が決まらない！」と立腹したという逸話がある。

イギリスの雨は霧雨や横降りの雨が多く，傘があまり役に立たないのも傘を持たない理由のようだ。人々はフード付きのコートやジャケットのようなものを着て雨に対応し，パラパラ程度の雨ならばそのま

ま平気で歩き，少し強く降り出すとフードをかぶり，ザーッと降ってきたら店先に避難して，小降りになるのを待つ。イギリスでは，シャワー（shower）と呼ばれるにわか雨が多く，いちいち傘をささなくてもそれをやり過ごせば済むわけだ。

傘を使う人があまりいないわけだから，学校，病院，商店などには，日本のように傘立てが置かれていない。しかし，これには別の理由もある。それは，自分の持ち物を目の届かないところに置いた場合，盗まれるのが当たり前というこの国の治安事情だ。かといって，雨で濡れた傘を肌身離さず持ったままというわけにはゆかず，結局，傘が邪魔なのだ。

もう一つ，イギリスで傘が普及しなかったおもしろい理由がある。英語で傘は**アンブレラ**（umbrella）だが，語源は日陰を意味するラテン語の「ウンブラ（umbra）」である。傘の誕生は古代エジプトまで遡り，本来は国王を強い日射しから守る日陰を作るために用いられた道具，つまり雨傘ではなく日傘であった。その後，日傘としてヨーロッパへ伝わり，上流階級の女性たちのアクセサリーとして広まったが，男性が使うことはなかった。そして18世紀末頃，傘に油を引いて撥水機能を持たせた雨傘が考案される。しかし，この画期的な発明は「女性が使う傘を男が使うなんてみっともない」と当時はまったく見向きもされなかったという。

ただ，傘をささないことにこだわり続けてきたイギリス人たちの間にも，近年は傘を使う人が増えている。とくに普及しているのは不意な雨に役立つ折りたたみ傘だ。また，イギリス特有の霧雨や横降りの雨に対応できるゴルフ傘も需要が高まっている。しかし，日本ではコンビニなどで販売され，使い捨て感覚で用いられるビニール傘は，環境意識の高いイギリスでは馴染まないようだ。

フランスとイギリスは仲が悪いという話をよく聞くが，実際はどうなのか？

14～15世紀に100年も戦い続け，19～20世紀には100年かけて夢のユーロトンネルを完成させた英仏の複雑な関係とは。

料理に多彩なソースを使うフランス人が「イギリスには百の宗教があるのに，ソースは一つしかない」とイギリスの食文化を揶揄（やゆ）すると，イギリス人は，エスカルゴ（カタツムリ）やグルヌイユ（食用カエル）を食べるフランス人を「フロッギー（カエルを食べる奴ら）」と言い返す。ヨーロッパで人気の歌謡コンテスト「ユーロビジョン」では，お互いに相手国の代表には投票しない。フランス人は英語を話したがらない。

フランス人とイギリス人の仲の悪さを例えるこのような話は枚挙にいとまがない。実際，英仏両国は長い歴史の中で対立や抗争を繰り返し，実に19回も戦火を交えている。こんなに戦ってばかりの2国は他にあるだろうか。

発端は1000年前まで遡る。北方から移動してきたノルマン人は，9世紀にフランス北部にノルマンディー公国を建国するが，11世紀に入ると彼らは海峡を渡ってイングランドを征服し，ノルマン王朝を開く。その結果，イングランド王国はイギリス本土とフランス北部に領土を持つことになったのだが，イングランドはさらにフランスでの領土拡大を企てる。それに対してフランス王国はフランスからイングラ

ンド勢力の駆逐を目指し，1337年から1453年まで，英仏は断続的に100年以上も戦争を続ける。「**百年戦争**」と呼ばれ，ジャンヌ・ダルクが活躍したのはこの時だ。

その後，両国は軍事力を拡大し，海外進出を活発化させるが，17世紀頃から各地で覇権を争って対立するようになり，またもや軍事衝突を繰り返す。1688年のフランス軍のオランダ侵攻，1757年のインドの支配をめぐるプラッシーの戦い，1775～1783年のアメリカ独立戦争，1796～1815年のナポレオン戦争など，英仏は世界各地で「**第2次百年戦争**」と呼ばれる戦いを繰り広げる。

さらに，1898年には，アフリカ大陸での植民地拡大をめぐり，「大陸縦断政策」を進めるイギリスと，「大陸横断政策」を進めるフランスが衝突するファショダ事件が起こる。幕末の日本でも，イギリスが倒幕派の薩摩藩や長州藩を支援すると，対抗してフランスが徳川幕府を支援する。

しかし，20世紀に入り，ヨーロッパでドイツが台頭してくると，その勢力の拡大を阻止することが英仏の共通の利害となり，英仏両国は二度の世界大戦では連合軍として共にドイツと戦う。

また，戦後は，新たな脅威となったソ連を警戒し，英仏はアメリカなど西側諸国と**NATO（北大西洋条約機構）**を結成する。

1994年には英仏を結ぶ**ユーロトンネル**が開通して往来が便利になり，今では，政治・経済や安全保障などで，英仏は密接に協力し合う友好国であり，もはや敵対するような関係ではない。

しかし，1000年も対立し続けてきた両国の国民は，今でも何かにつけて対抗意識を露わにする。日韓関係にも似ているが，竹島問題や慰安婦問題などを抱える日韓関係のような重々しさはない。英仏の関係は，微妙で複雑であり，簡単には語れない。

車の右側通行はフランスで始まり，ナポレオンとヒトラーが世界へ広めた

海外に行けば，ほとんどの国では車は右側通行だ。右側通行には一体どのようなメリットがあるのだろうか。

何も制約がなければ，右利きの人は無意識に左側を歩くという。利き腕の側に広い空間を保持しようとする，危険からの回避本能が人にはあるからだそうだ。日本では歩行者は右側通行がルールだが，地下街や商店街の雑踏では自然発生的に人々が左側通行になるのもこの本能が働いているからだろう。

古代エジプトでも，人は概ね左側通行だったことが研究で明らかにされており，古代ローマの遺跡からは，人だけではなく，荷車が左側通行をしていた轍の痕跡が発見されている。左側通行は，洋の東西を問わず，古くより右利きが多い人類共通の習性のようだ。14世紀初め，ローマ教皇のボニファティウス8世は，ローマへの巡礼には必ず左側通行をするよう勅令を出している。

しかし，現在では，世界の約90%の道路で自動車は右側を走っている。本来は人も車も左側通行だったはずなのに，いつ頃から，なぜ車の**右側通行**が世界の主流になったのだろうか。

その理由として，近世以降，ヨーロッパで4頭立てや6頭立ての大型馬車が普及したことが考えられる。大型馬車では御者は車の左側に座る。御者は右手で鞭をふるうが，馬を並べてつなぐ大型馬車では，

左側に座る方が鞭の操作に都合が良い。また，御者が左側に座れば，馬車同士が道路ですれ違うときに鞭と鞭がぶつからず，また，対向の馬車が見やすいため，馬車を道路の右側に寄せて走らせるようになった。下の絵のイメージである。

ヨーロッパで，馬車の右側通行を最初に法律で定めたのは，18世紀末のフランス革命後のフランスである。大型馬車は右側を通るのが合理的であるという理由だけではなく，当時の革命政府が，かつて左側通行を命じたカトリック教会に反発していたことも理由とされる。さらに，**ナポレオン**がフランス軍を率いて各地へ遠征し，支配を広げると，彼はドイツ・イタリア・スペインなど支配下の国々に右側通行を命じる。

ナポレオンと対立していたイギリスは，国土が狭く，大型馬車があまり普及していなかったこともあって，その後も左側通行が維持される。イギリスの植民地だったオーストラリア，インド，東アフリカ諸国なども，右側通行は採用されていない。

アメリカは，独立時にフランスとの関係が深かったことや，大型馬車が発達していたため，右側通行が法制化された。

ナポレオンの支配を受けなかった旧オーストリア・ハンガリー帝国の東ヨーロッパ諸国は，その後も左側通行を維持していたが，1930年代に**ヒトラー**のナチスドイツに支配され，右側通行に変更されている。自動車の右側通行を世界の主流にした貢献者はナポレオンとヒトラーかもしれない。

右側通行

フランス人があまりワインを飲まなくなったという。一体なぜ？

フランス人のワイン離れは今に始まったことではなく，この現象は半世紀以上も前から続いているらしい。

「神は水を作ったが，人はワインを作った」（ヴィクトル·ユーゴー）

「シャンパンは，勝利の時には飲む価値があり，敗北の時には飲む必要がある」（ナポレオン）

「私は二つの時にしかシャンパンを飲まない。恋をしている時と恋をしてない時」（ココ・シャネル）

フランスの偉人たちが，**ワイン**についてこのような名言を残している。フランスといえばワイン大国，フランスのワイン生産量は，世界の約15％を占め，フランス人が1年間に飲むワインの量は1人当たり約40 L，これは標準的なワインボトル53本分に相当し，日本人が飲む量のおよそ16倍だ。

なにせ，「食事の時に水を飲むのはカエルとアメリカ人だ」と広言し，食事の際にはワイン以外の飲み物は飲まないとか，昔は子どもたちでさえ学校へ水で薄めたワインを持参し，のどが渇いたときに飲んでいたとか，少々の誇張があるにしても，このようにワインを水代わりに飲んでいたのがフランス人だ。

しかし，今，フランス人のワイン離れが進んでいる。フランスでは，1850年から国民のワイン消費量の統計をとり続けており，次に示し

たのがその推移だ。1950年以降の70年間で1人当たりのワイン消費量は3分の1以下に激減している。

1850～1950年平均	126L／1人
1980年	95L／1人
2000年	71L／1人
2020年	40L／1人

とりわけ若年層の消費量の減少が著しい。50歳以上の世代では，今でも1日当たり平均2杯のワインを飲んでいるが，35歳以下の世代になると3日に1杯が平均で，習慣的にワインを飲む人は50歳以上の36%に対し，35歳以下ではわずか6%だ。その理由として，飲酒運転や未成年の飲酒に対して法規制が厳しくなったこと，ミネラルウォーターや炭酸飲料など飲み物の種類が多様化してきたことなどが挙げられる。

それにしても，昔のフランス人はなぜ子どもたちまでが日常的にワインばかり飲んでいたのだろうか。そんな視点でみると，フランス特有の意外な事情が浮び上がってくる。それは水である。日本では，飲み水に困ることはほとんどない。しかし，フランスの地下水は石灰分を多く含み，そのままでは飲料水として使えず，その水をどうすれば安心して飲めるようになるのかということは切実な問題だった。今ならば，茶やコーヒーとして飲む方法があるが，かつては，それらは高級品であり，庶民が日常的に飲むことはできなかった。そこで，発酵させて保存が効くワインが水分補給の手段として普及したわけである。

やがて，庶民もコーヒーや紅茶を飲むようになり，冷蔵庫が普及してジュース類，牛乳，炭酸飲料，ミネラルウォーターなども手軽に飲めるようになった。水分補給をワインだけに依存することもなくなったのだ。ワイン離れが進むのは当然の成り行きだ。

55 世界の大富豪が，スイス銀行に巨額の資産を預けるのはなぜ？

スイスでは金融業がGDP（国内総生産）の11％を占める。その中心がスイス銀行と呼ばれるプライベートバンクである。

「100万ドルをスイス銀行に振り込んでもらおう」

人気コミックの主人公「ゴルゴ13」は仕事の報酬を受け取るのにスイス銀行を利用する。映画「007」シリーズや人気TVドラマ「相棒」の中でも，スイス銀行が登場することがあったが，スイス銀行とは，実際にはどのような銀行なのだろうか。

スイス銀行とは特定の銀行名ではなく，スイスを拠点とし，スイス銀行法に基づいて運営されている**プライベートバンク**のことを指す。スイスのプライベートバンクは，富裕層を対象に，資産管理や運用のサービスを提供するが，日本の銀行のように誰もが利用できるわけではない。口座を開設するには，面談と厳格な審査があり，さらに一定額の金融資産を預ける必要がある。スイスの2大銀行であるUBSの場合は2億円，クレディ·スイスは10億円が預入資産の最低基準である。

富裕層はなぜ自国の銀行ではなく，スイスのプライベートバンクを利用するのだろうか。そこには次のようなメリットがある。

· 匿名性と守秘性が高い

口座名義が番号になっていて，出金，明細，書類などはすべて口座番号で処理され，個人の名は一切表示されない。銀行が顧客情報を厳

重に秘匿し，取引で個人が特定されることはないのだ。

・国として，政治的・経済的に安定性が高い

スイスは永世中立国であり，EUにも加盟しておらず，国際情勢に影響を受けることが少なく，政治が安定している。また，スイス国立銀行は銀行券発行高の40%に相当する金（ゴールド）を保有しており，通貨であるスイスフランはゼロインフレとも言われるほどに，貨幣価値が安定している。

・幅広く高度なサービスの提供を受けることができる

プライベートバンクは，一般の銀行のように銀行自らが企業などに投融資をしない。政変やインフレから顧客の資産を守り，資産の運用をサポートして顧客の収益を増やし，預金高に応じた口座管理料を得ることを業務としている。他にも，節税対策や相続，不動産投資，美術品の売買など顧客のニーズに応じた幅広いサービスを提供する。

コミックや映画の世界では，犯罪者がスイスのプライベートバンクの秘密口座を利用することがあるが，現実はどうなのだろうか。日本から逃亡中のカルロス・ゴーン日産自動車元会長が不正に得た資金を隠匿していたことがマスコミで報道されたが，脱税やマネーロンダリング（違法な収益を正当な収益のように偽装すること），時には麻薬取引や汚職にプライベートバンクが利用されてきたのは事実である。

2009年，アメリカ司法省は富裕層の大規模な脱税をほう助したとして，UBSにアメリカ人顧客リストの開示を強硬に迫り，当初は拒絶していたUBSも最終的には開示に応じた。この事件を契機に，その後，スイスのプライベートバンクには犯罪抑止のために秘密主義よりも透明性の向上が求められるようになった。

スペインが臓器移植先進国と呼ばれるのはなぜ？

2021年に日本で行なわれた臓器移植手術が317件なのに対し，人口が日本の1/3ほどのスペインは4933件，何が違うのだろうか？

2022年末の状況では，日本国内で約1万6000人の患者が臓器移植を希望し，待機しているという。しかし，死後に臓器を提供するドナーは年間60～70人ほどにすぎない。そのため，心臓移植手術の場合は3～4年，腎臓なら15年も待たねばならないのが現状だ。一方，スペインのドナー数は年間約2200人，人口100万人当たりのドナー数では世界最多の40.2人，これは29年連続の世界一だ。

日本とスペイン，なぜ，このように大きな違いがあるのだろうか。要因は二つある。まず，臓器提供に関するドナー制度の違いだ。ドナー制度には，オプトインとオプトアウトという二つの方式がある。**オプトイン（opt-in）**は，日本やアメリカのように本人が生前に臓器提供の意思表示をしていた場合，あるいは家族が臓器提供に同意した場合に臓器提供が行なわれる制度であり，**オプトアウト（opt-out）**は，スペインやフランス，オーストラリアのように本人が生前に臓器提供に反対の意思を残さない限り，死後に臓器提供をするものとみなす制度である。

オプトアウト方式を採用しているスペインでは，国立の機関であるONTが主導して全国的な移植コーディネーションシステムが構築さ

れており，各病院には医師と連携して移植をスムーズに進めるドナーコーディネーターが必ず配置されている。移植を希望しても臓器移植を受けられずに死亡する患者の数は，移植待機者の4～6%にとどまるという。

日本と同じオプトイン方式のアメリカのドナー数が多いのは，本人が生前に意思表示をしていない場合には，患者の死亡後，医師は必ず家族に臓器提供をするか否かの確認を求めることが義務づけられているからだ。

もう一つ，日本がスペインやアメリカなど諸外国と違うのは，死亡の判定基準だ。世界のほとんどの国では**脳死**を人の死としているが，日本では心臓や呼吸の停止，瞳孔散大などの徴候から総合的に死を判定している。たとえ脳死状態であっても心臓が動いていれば，医師は治療を続けることが多い。臓器は心臓が止まると血液循環がなくなり，状態が悪化するので，移植のためには心停止ではなく，脳死のドナーの臓器提供が望ましいのだが，日本では臓器提供の意思表示のない患者には脳死判定は行なわない。

がん治療など世界最先端の医療技術を持つ日本だが，臓器移植では残念ながら後進国といわざるを得ない。

世界各国の臓器提供数
（100万人当たりのドナー数）

スペイン	40.2人	a
アメリカ	38.0人	b
オーストラリア	23.8人	c
EU平均	18.4人	a
韓国	9.2人	b
サウジアラビア	6.2人	c
タイ	3.7人	c
日本	0.6人	a

※a 2021, b 2020, c 2019の統計
＜資料:IRODaT等＞

57

ポルトガルが，ヨーロッパ諸国の中でいち早く日本に到来できたのはなぜ？

16世紀にヨーロッパから初めて日本に到来したのは，大国のスペインやイギリスではなく，なぜポルトガルだったのだろうか？

1543年，ポルトガル人を乗せた船が，暴風のため種子島（鹿児島県）に漂着し，日本に鉄砲を伝えたことは，教科書にも記載されている。実は，その2年前にも，ポルトガル人を乗せた船が豊後（大分県）に漂着したという記録があり，日本に初めてやってきたヨーロッパ人はポルトガル人だったことは確かなようだ。

しかし，面積は北海道より少し広い9.2万km^2，その位置もヨーロッパ大陸の最西端，そのようなヨーロッパのはずれにある決して大国とはいえない**ポルトガル**が，なぜ，イギリスやフランス，スペインなど当時のヨーロッパの大国に先駆けて，日本にやって来たのだろうか。

ポルトガル人が到来した16世紀は，大航海時代と呼ばれ，ヨーロッパ諸国が盛んに海外へ進出していた時代だ。その中でも，もっとも早く海外へ目を向けたのがポルトガルなのだ。その理由の第一は，まず，ヨーロッパ最西端という地理的位置である。ポルトガルは，14世紀末に成立したアヴィス王朝のもとで中央集権化を進めたが，東側にはスペインやフランスという強国があり，国を発展させるには西側，つまり大西洋へ乗り出すしかなかったのである。

第二の理由は，外洋に面したポルトガルは，古くから漁業が盛んで，

造船や航海技術が発展していたことだ。

その頃，西アジアのオスマン帝国が強大化し，地中海の制海権を握っていたため，ヨーロッパの国々が香辛料などアジアの産物を得るために地中海を通らない新たな交易ルートを必要としていたことも，西の大西洋へ向かった大きな理由だ。

ただし，当初のポルトガルの海外進出は，アフリカ大陸での勢力の拡大を図ったものであって，アジアを目指していたわけではない。1415年，ポルトガルはまず，北アフリカの**セウタ（モロッコ）**を攻略すると，1460年頃に西アフリカの**シエラレオネ**付近，1482年に**ギニア湾岸**に進出し，金や奴隷の交易を始める。そして，1488年には大西洋とインド洋を分ける**喜望峰**に達し，1498年，ヴァスコ・ダ・ガマの船団が一気に**インド**に到達したのは周知の通りである。

その頃，遅れて海外進出に乗り出したスペインはアメリカ大陸に進出するが，ローマ教皇がポルトガルとスペインに対し，新しく発見した土地の領有を認めるというお墨付きを与えたため，両国は世界各地で勢力の拡大を競うようになる。

アフリカを迂回してアジアへ進出したポルトガルは，1510年にインドの**ゴア**，1511年にマレー半島の**マラッカ**を占拠し，さらに東進して中国の広東（カントン）や**マカオ**にも進出する。そうなると，やがて日本にたどり着くのは自明の理だ。ポルトガル人が日本に到来したのは偶然ではなく，必然だったのである。

トマト大国イタリアの人々が，料理にトマトケチャップを使わないのはなぜ？

イタリアはトマトの生産量がヨーロッパ最大だが，国民1人当たりのケチャップ消費量はヨーロッパ最少レベルだという。

ナポリタンといえば，日本では代表的なパスタ料理である。スパゲッティを玉ねぎやピーマン，ウインナーなどの具材と炒め合わせ，ケチャップと塩で味付けをした西洋料理の定番だ。しかし，ナポリタンとは名付けられてはいるが，パスタの本場である**イタリア**にこのような料理はない。というか，日本に住むイタリア人にナポリタンをご馳走しようとしても，不快な顔で「ごめんなさい」と断られかねない。なぜなら，パスタ料理に**トマトケチャップ**を使うなど，イタリア人には許されざる調理法なのだ。

イギリスの会社が実施した調査でも，イタリア人がもっとも受け入れがたいイタリア料理の食べ方とされたのはパスタにトマトケチャップをかけることだった。この食べ方を容認したイタリア人はわずか7%，89%の人が容認できないと回答している。

イタリアでは，パスタやピザなど料理に使うのは，**ポモドーロ**と呼ばれる完熟トマトのソースであり，絶対にケチャップは使わない。日本人にはトマトソースとトマトケチャップの違いがわからない人が多いが，トマトケチャップは，アメリカで作られた調味料であり，濃厚で甘みが強くドロッとしている。ベースはトマトソースと同じトマト

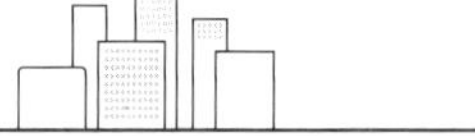

でも，トマトケチャップはハンバーガーやホットドッグなどジャンクフードに使うものであって，数百年の歴史があるイタリアの伝統料理に使うことは，この国の人々にとっては自国の食文化に対する冒瀆(ぼうとく)なのだ。イタリアのフードアカデミー「Academia Barilla」も，料理にケチャップを使う行為は，イタリア人を不快にさせる許し難い罪として定義している。

ちなみに，トマトは南米が原産地であり，ヨーロッパに伝わったのは16世紀頃だ。当初，ヨーロッパではトマトを観賞用の植物として栽培していた。しかし，人口増加と飢饉のために食糧難が続いていたイタリアで，食べものが十分になかった貧困層の人々がそのトマトを恐る恐る口にするようになった。ただ，当時のトマトは酸っぱくて固く，とてもそのままでは食べられたものではなかった。その後，トマトの調理法が試行錯誤され，やがて，完熟したトマトをセロリやバジルなどの野菜と煮込み，スープ状の調味料が誕生する。トマトソースの起源である。サッパリした酸味が好まれ，最初は肉料理に使われることが多かったが，18世紀にパスタの押し出し機と乾燥機が発明されると，トマトソースはパスタ料理にも不可欠の調味料となった。

そして，イタリア南部のナポリ地方の気候や土壌がトマト栽培には最適であったことから，この地方がやがてヨーロッパ最大のトマト産地となる。フランス料理では，トマトソースを使った料理法を「ナポリ風」と呼んだことから，日本では，それがナポリタンの語源となった。

あと，日本ではハンバーグなどの付け合わせとしてスパゲティが添えられることが多いが，これもイタリア料理では許されない。パスタはメインディッシュであり，サイドディッシュにすることは，やはりイタリア料理に対する冒瀆になるそうだ。

イタリア版「生類憐みの令」とは？

日本ではまだ一般的ではないが，「アニマルウェルフェア（動物福祉）という考え方がイタリアなど欧米で広まっている。

340年前，徳川5代将軍綱吉が定めた「生類憐みの令」は，彼の死後，庶民を苦しめた天下の悪法として評価されがちだったが，近年は世界初の動物愛護法として見直されている。今，世界には積極的に**動物愛護**の政策を進める国が増えている。中でも生物多様性の尊重を憲法に明記したイタリアには，現代版の生類憐みの令ではないかと思えるような動物愛護のルールがある。例えば次のような法令だ。

○トリノ市の条例

- 犬は，1日3回以上散歩させなくてはならない。
- 外見のためにペットの毛を染めたり，尾を切ることを禁止。
- 犬が疲れるので，飼い主が自転車に乗りながらの散歩を禁止。
- 丸い金魚鉢で金魚を飼うことを禁止（金魚の目に外の景色が歪んで見える，酸素供給がしづらい）。

○ローマ市の条例

- 犬は庭やベランダに放置せず，家の中で飼育せよ。
- 犬をチェーンにつなぐのは基本的に禁止。どうしてもつなぐ場合，チェーンの長さは6m以上，繋留（けいりゅう）は1日に8時間以内。
- 子犬や子猫は生後60日以内に親から離すことを禁止。

・生きたロブスターを氷の上に置くことは虐待になり禁止。

なぜ，イタリアではペットに対してそこまで積極的に動物愛護の政策を進めているのだろうか。この項はイタリアを事例に取り上げているが，今，欧米諸国では動物の飼育に関して**アニマルウェルフェア（Animal Welfare）**という考え方が普及している。この言葉は「動物福祉」と訳される。どのような動物も人間と同じように喜びや悲しみなどの感情を持っており，動物はモノではなく知覚する存在である。ペットや家畜など動物を飼育する場合は，そのことを理解し，快適な環境下で飼養することによって，動物に人間からのストレスや苦痛を感じさせない配慮をすることが重要であるという考え方だ。

なお，イタリアは，ペット飼育率が犬は39%，猫は34%で日本の犬17%，猫14%の2倍以上，世界でも有数のペット大国だ。しかし，そんなイタリアにも難題がある。この国の街角で犬を連れた人をよく見かけるが，糞を始末するためのビニール袋やスコップを持っている人はまずいない。道路であれ，民家や商店の前であれ，垂れた糞はそのままだ。日本人のようにペットの糞の始末は飼い主のマナーであり，責務であるとはイタリア人は考えない。清掃業者がやるべきでそのために税金を払っていると主張する。もちろん屁理屈である。

その対策として，イタリアでは，ペットの登録時には採血によりDNAも登録するようになった。放置された糞からDNAを調べると犬と飼い主が特定され，500ユーロ（約7万円）の罰金が科されるそうだ。犬の糞害は世界共通の悩みであり，多くの国がこの制度を採用し始めている。

動物愛護を厳しく法で規制するのではなく，飼い主のモラルやマナーを向上させる妙案はないのだろうか。

世界一小さい国バチカン市国はあのムッソリーニが作ったってどういうこと？

1929年，ムッソリーニとローマ教皇庁の協定によって成立したバチカン市国，この国が歩んだ歴史を日本人はほとんど知らない。

○**バチカン市国（Vatican City State）**のデータ（2019年）

・面積…0.44km²（世界最小）…ルネサンス時代の城壁に囲まれ，全域が世界遺産に指定。

・人口…820人（世界最少）…バチカン国籍615人，外国籍205人 そのほとんどが聖職者と修道士・修道女。

・おもな建造物…バチカン宮殿（美術館・図書館がある）
サン・ピエトロ大聖堂（世界最大のキリスト教建築物）

バチカン市国は，現在183の国や地域と外交関係を有し，独自の通貨や切手を発行しているれっきとした独立国である。しかし，その領土はわずかにローマ市北西部のバチカンの丘の一部地域を占めるだけの東京ディズニーランド（0.52km²）より狭い世界最小の国家である。それでも，**ローマ教皇**を君主としてローマ教皇庁が統治してきたこの国の起源は古く，その歴史は長い。

バチカンの歴史は，キリスト教を公認したローマ皇帝コンスタンティヌス1世が，326年に初代ローマ教皇の聖ペテロの墓所があるバチカンの丘に，サン・ピエトロ寺院を建造したことに始まり，バチカン

はその後，カトリック教会の総本山として発展する。

そして756年，現在のフランス・ドイツ・イタリアを領有していたフランク王国の高官だったピピンがフランク王位を簒奪し，これを正当化するためにその即位の承認をローマ教皇に求め，その返礼として中部イタリアの領土を教皇に寄進した。その結果，教皇は広大な領地を所有し，そこから税も得られるようになった。この時に，ローマ教皇を元首とする国家が初めて形成され，**教皇領**あるいは教皇国家と呼ばれた。これがバチカン市国の起源である。

その後，教皇領は教皇が絶対的な権力を持つ中央集権国家として存続するが，18世紀末にナポレオン軍に侵略され，その後もしばしば近隣諸国の侵入や干渉を受けるようになる。

19世紀になると，イタリア統一を目指すサルデーニャ王国が強大になり，教皇領は次第に蚕食され，サルデーニャは1860年にイタリア王国を成立させ，1870年，教皇領を併合する。

その後，この併合を認めないローマ教皇庁とイタリア政府の対立が続いたが，1929年，イタリアの独裁者**ムッソリーニ**は，教皇庁とローマ市内のラテラノ宮殿で会談し，旧教皇領がイタリア領であることを確定させ，その代わりにバチカン宮殿とサン・ピエトロ寺院一帯の区域をバチカン市国として独立することを承認した。このようにして，ディズニーランドよりも狭い世界最小の国が誕生したのである。

教皇領の領土（18世紀末頃）

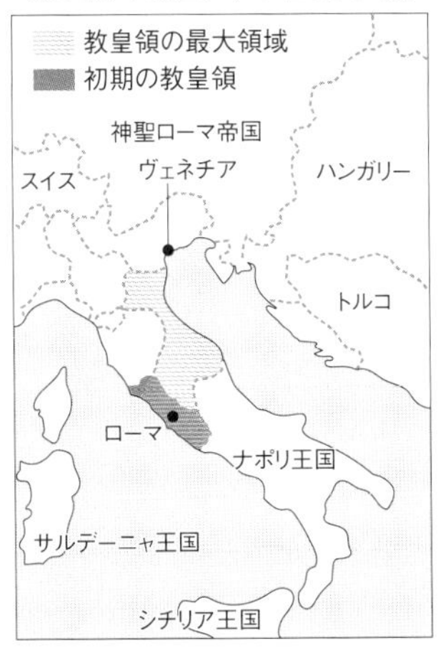

エーゲ海（ギリシャ）の島々には白い家が多いのはなぜ？

紺碧の海と眩いばかりの白い街並みのコントラストが美しいミコノス島は「エーゲ海に浮かぶ白い宝石」と呼ばれている。

エーゲ海の島々には，右ページの写真のような白壁の家が多い。このような**白壁の街並み**は，エーゲ海に限らず，イタリアの世界遺産アルベロベッロ，スペインのアンダルシア地方，モロッコ最大の都市であるカサブランカなど，南ヨーロッパや対岸の北アフリカの各所に見ることができる。ちなみにカサブランカという名は，スペイン語で「白い家」を意味している。

この地方の家々は，なぜこのように白いのだろうか。第一の理由は壁の素材に石灰を使っていることだ。日本でも壁に塗る漆喰の材料として，古くから石灰が利用されてきたが，南ヨーロッパには石灰を含んだ地層が広く分布しており，石灰は入手しやすい建築材である。

第二の理由は，白く塗った壁には太陽光を反射させる効果があることだ。この地方は地中海性気候に属し，夏は雨が降らず，高温乾燥となる。毎日，強い日差しが降り注ぎ，気温が40℃を超えることも珍しくないが，建物を白くすることによって，室内が高温になるのを防ぎ，快適に過ごすことができる。

第三の理由として，石灰は強いアルカリ性で，除菌効果が優れていることも挙げられる。水源が少ないエーゲ海の島々では，昔から雨水

を生活用水として利用していたが，石灰は雨水の浄化に有効なのだ。かつてヨーロッパにペストが流行したときも，白い石灰は蔓延防止に効果があると考えられていた。

そして，白で統一された街並みには，もう一つ意外な効果があった。それは，真っ青な空と海を背景に白壁の家々が連なる絶景に魅了されて，多くの観光客が訪れるようになったことだ。エーゲ海の島々の中でもミコノス島はとくに人気が高く，人口6000人ほどの離島にとって観光は最大の産業だ。そのため，島では許可なく家を改築したり，壁の色を変えたりしてはならず，すべての建物を白壁にすることが決められている。また，白さを保つために，壁は年に3回も塗り替えるという。ただ，ここまでこの島の街並みが完璧に白で統一されたのは観光に力を入れ始めた50年ほど前であり，それ以前は白くない家もあったそうだ。

ミコノス島

アフリカ

モロッコ
〈サハラ砂漠〉
62
モーリタリア
63
スーダン
ギニアビサウ
65
64 ブルキナファソ
ギニア
ジブチ 67
エチオピア
66 カメルーン
ソマリア
〈ギニア湾〉
65 赤道ギニア
ケニア
赤道
コンゴ
66
68 69
ルワンダ
72
タンザニア
ジンバブエ
71
ナミビア
マダガスカル
70
南アフリカ共和国
73

サハラ砂漠ができたのは，地球の公転軌道の変化が原因ってどういうこと？

日本の国土の23倍，アフリカ大陸の3分の1を占める世界最大のサハラ砂漠だが，5000年前には森林や草原が広がっていた。

かつて**サハラ砂漠**は緑豊かな森林や草原であった。およそ8000年前頃から5000年前頃まで，湿潤な気候が続き，森林や草原にはキリンやライオンなど多くの野生動物が生息していた。現在，それらの動物を描いた古代人の壁画が残っていることが，この地域がかつて緑豊かな環境であったことを物語っている。

しかし，5000年前くらいから，サハラ地域は乾燥が始まり，雨が降らなくなって砂漠化が進行し，やがて東西約5000km，南北約2000kmに及ぶ世界最大の砂漠に変貌する。

このサハラ地域の砂漠化の原因は，地球の公転軌道の変化にあるという。どういうことだろうか。地球が太陽の周りを公転し，また，地球の自転軸が少し傾いていることは小中学生も知っている。しかし，地球の自転軸は数万年の周期で22～25度の間で変化し，それと相まって地球の公転軌道も周期的に変化していることはほとんどの人が知らない。この公転軌道の変化によって，地球が受ける太陽エネルギーの量が，5000年前頃から徐々に減少し，世界各地にサハラなど多くの砂漠を誕生させたのだ。

そもそもなぜ砂漠ができるのだろうか。すべての砂漠の成因が同じわけではないが，サハラ砂漠のような**中緯度地域（15～30度付近）**に分布する砂漠の場合は，赤道付近の気候と大きく関連している。地上でもっとも太陽エネルギーを強く受けるのは，赤道付近の熱帯である。その熱帯付近で次のような気象現象が起こる。

①湿気を含んだ空気が強い日射しに熱せられ，上昇気流となって上空へ移動する。

②上昇した空気が上空で冷やされると，温度低下で飽和状態となった水蒸気が雨（スコールなど）となって落下する。

③雨を降らせたあとの乾燥した空気が，地球の自転により熱帯の高緯度側の地域で下降気流となって，地表を熱く乾燥させる。

このような大気循環の結果，熱帯地域に接する中緯度地域が砂漠化するのである。

現在の気候区分では，熱帯つまり①②の地域は概ね赤道を挟んだ南北の緯度が10度付近までの範囲に分布している。しかし，地球が受ける太陽エネルギーの量がもっと多かった8000年前頃から5000年前頃は，熱帯はもっと広範囲を占め，赤道を挟んだ南北の20～30度地域まで広がっていた。その頃，サハラ地域は熱帯だったのだ。それが地球の公転軌道の変化により，5000年前くらいから熱帯が縮小してそれまでは熱帯であった20～30度地域が砂漠化したのである。西アジア，アメリカ西部，アフリカ南部，オーストラリアの中緯度地域に見られる砂漠も同じ成因である。

なお，近年，サハラ周辺では，過剰な耕作や開拓，許容限度を超えた過放牧や過伐採という人間の生産活動が土地を劣化させ，植生の回復を困難にし，砂漠化を進行させている。砂漠ができるのは自然的要因だけではなく，人為的要因も大きいことを知っておかねばならない。

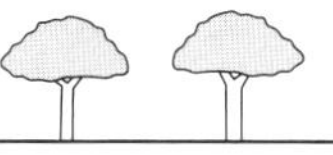

モロッコとモーリタニアが世界のタコ漁獲量の2位と3位を占めるのはなぜ？

イスラム教国であるモロッコやモーリタニアの人たちはタコを食べることはない。それなのにタコ漁が盛んなのはなぜ？

モロッコや**モーリタニア**はアフリカ大陸北西部に位置し，大西洋に面しているが，国土の大半をサハラ砂漠が占めている。イスラム教を信仰し,長く遊牧生活を続けてきたこの地域の人々の伝統的な食事は,ナツメヤシの実，ラクダや羊など家畜の肉や乳製品が主であり，海に面しているとはいえ，近年まで魚介類を口にすることはほとんどなかった。

しかし，この地域の沖合は浅瀬が広がり，水温や塩分濃度の変化が少なく，さらに海流と貿易風によりプランクトンが運ばれるため，海洋生物の生息には優れた環境なのだ。とりわけ，この海域の広範な岩場は，餌となる貝や甲殻類が豊富なことから**タコ**にとっては最高の生育環境である。

このことに注目したのが日本である。まだ沿岸国の漁業権を尊重する排他的経済水域が制定されていなかった1960年代，日本の船団がモーリタニア沖合の海域でタコ漁を開始した。当時のモーリタニアには漁業という産業が存在せず，ましてイスラム教徒にとっては食べることが禁忌であるタコは人々から嫌悪されていた。しかし，自国の沖の海域で他国の船が勝手にタコを大量に獲っていれば，気になるのは当然である。1960年の独立後，モーリタニアは農業振興に力を注いでいたが，乾燥気候のこの国では農業だけで国を支えることは困難だった。そこで，モーリタニア政府が注目したのが自国の沖で行なわれている日本のタコ漁である。そのタコを獲り，自分たちが食べなくても，日本に買い取ってもらえばよいというわけだ。

1970年代，漁業支援のため，日本からモーリタニアへ漁業指導員が派遣される。漁業経験がまったくなく，タコを気味悪がるモーリタニア人に対する指導には紆余曲折があったが，日本と同じタコ壺漁であれば大規模な設備や特別な技術は必要なかった。さらに，タコ漁で得られる収入がモーリタニアの一般公務員の5倍にもなることを知ると，タコ漁に従事する人が増え，1980年代には，タコ漁はこの国の一大産業に成長し，2000年頃にはその漁獲量は世界一となる。

もちろんタコの輸出先はほとんどが日本だ。日本人は世界全体のタコ漁獲量の半分以上を食べている。2020年，日本は約3.8万tのタコを輸入したが，そのうちモーリタニア産は37.3%を占めている。モーリタニア産に次いで多いのはモロッコ産の31.2%だが，2020年のタコ漁獲量はモロッコが世界第2位，モーリタニアは世界第3位である。

モロッコでは隣国モーリタニアの成功の影響を受けてタコ漁が始まったが，モーリタニアより長い海岸線があり，モーリタニアの強力なライバルである。ただ，近年は中国の大船団によるタコ漁が活発になり，今では中国がタコ漁獲量世界一である。

その一方，モーリタニアやモロッコでは乱獲・密漁などが相次ぐようになり，近年その漁獲量に陰りが見え始め，今，モーリタニアやモロッコのタコ漁は転機を迎えている。

ブルキナファソなどアフリカ諸国に「一夫多妻婚」が見られるのはなぜ？

ブルキナファソでは既婚女性のうち，55％が一夫多妻婚だ。マリやセネガルなど近隣諸国もその比率は40％を超える。

一夫多妻婚というと，アラブの富豪たちのハーレムのような生活が想像されがちだが，複数の妻を持つことができるのは決してアラブなど一部の国の富裕層だけの特権ではない。現在，アフリカには54の独立国があるが，法律で一夫多妻婚を禁じているのはヨーロッパ文化の影響が強い北アフリカのチュニジアのみで，国により差はあるものの，他の53ヵ国には今なお一夫多妻婚の風習が残っているという。

とりわけ，この風習はブルキナファソなどサハラ以南の西アフリカの国々に根強く残っており，東アフリカでもタンザニアやウガンダなどは，既婚女性のうち30％ほどが一夫多妻婚の状態だ。

近年，アフリカ諸国の一夫多妻婚の婚姻女性の割合は減りつつある。それでも多くの国では一夫多妻婚の風習が今も続き，それが容認されている。その理由として，結婚は一夫一婦であるべきだというのは，欧米社会の道徳観や価値観であり，アフリカの人々が必ずしも同感していないということもあるが，それよりもアフリカ諸国の高い貧困率が大きな理由である。

貧富の差が激しい国で，もし一夫多妻婚を禁じ，一夫一婦しか認めなくなると，多くの若者が結婚できなくなってしまうのだ。とりわけ，貧困層の男たちは，結婚のための資金や住居を準備できず，妻を迎えることができないのである。それでも男たちは仕事を見つけて1人だけならなんとか生活はできる。しかし，女性が自立して1人で生活をするのは困難だ。そのため，女性たちの中には一夫多妻婚を受け入れ，生活力のある男の妻になることを選ぶ者がいる。

この傾向は農村部で顕著である。広い土地や家畜を持つ男たちにとって，その土地で多くの作物を収穫し，多くの家畜を飼育し，資産を増やして社会的地位を高めるためには，複数の妻とその子どもたちからなる大家族が何よりも有利なのだ。もちろん，それができるのは資産を持った限られた男たちだ。

とはいえ，どの国でも，実際には一夫多妻の大家族より一夫一婦の家庭が多い。しかし，一夫一婦の家庭より一夫多妻の大家族の方が経済的には恵まれているという現実のため，あえて一夫多妻婚を選択する女性たちがいる。

なお，少数の男たちが複数の女性を妻にするということは，その分，結婚相手のいない男たちが過剰になる。一夫多妻社会では，男は裕福な家庭に生まれるか事業で成功しなければ結婚どころか恋人すらできない。生涯結婚できず，一生に一度も性交渉することがない男性は珍しくはないという。

一夫多妻の大家族が暮らすブルキナファソのティエベレ村の住居　©ALEXANDER BEE

西アフリカに「ギニア」を名乗る国が3ヵ国もあるのはなぜ？

ギニア，ギニアビサウ，赤道ギニアと「ギニア」を名乗る国が3ヵ国，しかし，ギニア湾に面する国は一つだけだ。

3ヵ国のうち，**ギニア**がもっとも早い1958年にフランスから独立した。次いで1968年，ギニア湾に浮かぶ島国の**赤道ギニア**がスペインから独立する。赤道ギニアは赤道上に領土を持たないが，その国名は先に独立したギニアに対し，「赤道に近いギニア」という意味で名付けられた。しかし，この2国は国境を接しておらず，その間にナイジェリアなど5ヵ国を挟んで2000kmも隔たっている。アフリカ大陸中央部の大西洋岸の凹部はギニア湾と呼ばれるが，アフリカ大陸西端部に位置するギニアはそもそもこのギニア湾にはまったく面していない。1974年には，ギニアの北隣にポルトガルから**ギニアビサウ**が独立する。国名に付くビサウとは首都の名称だが，やはりギニア湾には面していない。

本来，ギニアとは北はモロッコ南部から南はアンゴラあたりまでアフリカ大陸の大西洋岸中部一帯を指す広範囲の総称であり，植民地時代には，コートジボワールからセネガルにかけての地域が「上ギニアUpper Guinea」，ガーナからナイジェリア南部の地域が「下ギニアLower Guinea」と呼ばれていた。ギニアの語源は地中海沿岸に居住するベルベル人の言葉で「皮膚の黒い人」を意味する「アグナウ

agvunau」に由来するとされる。大西洋岸を南下し，アフリカ大陸に進出するようになったヨーロッパ人は，サハラ以南の大西洋岸地域を「黒人の地」という意味で，ギニアと呼んだのである。

実は，アフリカにはギニアのように国名が「**黒**」に由来する国は他にもある。**スーダン**は，かつてはサハラ以南全域の総称であり，「黒い」を意味するアラビア語の「スーダSuda」が語源だ。**エチオピア**は，ギリシャ語で「日に灼けた顔の人々」を意味する「アイトスオプシアAitosopsia」が語源とされる。**ソマリア**は，エジプト文明が栄えていた頃，この地域に住む人々が，当時エジプトの属国であったスーダン地方で使われていたヌビア語で「黒い」を意味する「ソマリsomali」に因んでソマリ族と呼ばれ，のちにヨーロッパ人がソマリ族の住む土地という意味でソマリアと呼んだ。**モーリタニア**は，ギリシャ語の「黒い」を意味する「マウロスMauros」を語源とし，その後，ローマ人がこの地方が「マウリタニアMauritania」と呼んだことに由来する。

なんとアフリカには「黒」を意味する国が七つもあるわけだ。皮膚の色は人種や民族の特徴として明確なため，白色系の北アフリカやヨーロッパの人々は，自分たちの居住地域の外側に住む黒色系のアフリカ人や彼らが住む土地を自分たちの言語で「黒い人」や「黒い人が住む地」と呼んだのである。ただ，このような語源を持つ国々は，アフリカでも古くより白色系の民族との接触があった地域に見られ，近世まで彼らとほとんど接触のなかった赤道以南には「黒」に由来する国名の国はない。

なお，ギニアと付く名の国は，アフリカではないが，もう一つ**パプア・ニューギニア**がある。ニューギニアという名称は，この地を訪れたイギリス人が，この地の熱帯気候や先住民の容貌がアフリカのギニア地方とよく似ていたために名付けたとされる。

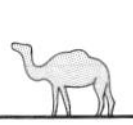

中央アフリカの熱帯雨林に暮らす狩猟民ピグミーの身長が低いのはなぜ？

ピグミーの成人男性の平均身長は150cm以下，成人女性の平均身長も140cmに満たない。

「**ピグミー**」は，コンゴなど中央アフリカの熱帯雨林で狩猟や採集の生活をし，大人でも背が150cm以下と背が低く，小柄な身体をした複数の民族の総称である。ピグミーという言葉は，古代ギリシャの叙事詩に登場する小人族の「ピュグマイオイ Pygmaioi」に由来し，ヨーロッパ人が，周辺の部族に比べて背が低いという身体的特徴だけで中央アフリカの狩猟民族を一括りにして勝手に呼んだ名称である。ピグミーという特定の民族や部族が存在するわけではない。

コンゴ東部や**ルワンダ**に住むムブティ族やトゥワ族，コンゴ北部のアカ族，**カメルーン**などに住むバカ族などがピグミーと呼ばれている。彼らは熱帯雨林で狩猟や採集の生活をし，低身長という共通点はあるが，それぞれの言語を持ち，必ずしも祖先が同じ民族というわけではない。

また，同じように低身長ではあっても，その成長パターンは同一ではない。カメルーンのバカ族など中央アフリカ西部のピグミーの赤ちゃんは，生まれたときにはヨーロッパ人の赤ちゃんと体格は変わらない。しかし，生後２～３歳までの幼児期の成長速度が著しく遅く，その差が成人まで続くために大人になっても低身長にとどまるという。

トゥワ族など東部のピグミーの場合は，すでに出生時から，他民族の赤ちゃんより小柄だ。

ピグミーの背が低い理由は，年中高温の熱帯雨林で暮らすのに，彼らの背が低く小柄な身体が適しているからだという。小柄な身体は，植物が密生する熱帯の森林の中も身軽で動きやすい。また，熱帯雨林では食料は十分に得にくいが，身体が小さければ少ない食料で足りる。熱帯の暑い気候では，小柄な身体は熱が体内から逃げやすく，体温調節がしやすいということもメリットだ。

低身長というピグミーの身長的特徴は，遺伝子の変異に由来することが明らかになっている。遺伝子変異によって低身長という身体的特徴がピグミーに発現したのは偶然にすぎない。しかし，その偶然の変異が過酷な熱帯雨林の環境では有利に働いたために，異なるルーツを持つ集団であっても，同様の生活環境のもとで数十・数百世代を重ねて遺伝子の変化が蓄積した結果，低身長という同じような身体に行き着いたと考えられる。

まったく別種の生物であっても同様の環境で進化した場合には似かよった体形になることがある。生物学では，このような現象を**収斂**（しゅうれん）**進化**と呼ぶ。哺乳類であるシャチと魚類であるサメが，種は違っても，環境に合わせて同じような体型に進化したのがその一例だ。アフリカの熱帯雨林に暮らす複数の部族が，同じように低身長という特徴を持つのも収斂進化なのだろう。

ちなみに，世界一背が高い民族といわれるのは，南スーダンのディンカ族だ。彼らの平均身長は180cmを超え，ディンカ族出身で，NBAで活躍したマヌート・ボルの身長は231cmだった。

最高気温71.5℃を記録，世界一暑い国ジブチってどんなところ？

年間の平均気温34.5℃，もっとも気温が高くなる6～9月には1日の最高気温が50℃を超えることは，この国では当たり前なのだ。

ジブチはアフリカ大陸の北東部，紅海の入口部分にあり，国土面積は九州の3分の2ほどの小さな国だ。一年中ほぼ晴天で，雨は年に数回しか降らず，2003年には非公式ではあるが71.5℃という気温が観測され，「**世界一暑い国**」と呼ばれている。この国の暑さはどれほどだろうか。水道の蛇口をひねると，暑さのため水道水がお湯になって出てくるのは日本でもよくあることだが，ジブチでは，出てくるのはお湯というより熱湯であり，さらに次のようなことが日常だという。

「猛烈な暑さのあまり，鳥が失神して落ちてくる」

「道路で転び，路面に手を付いてしまうとやけどをする」

「今日は涼しいなと思って温度計を見るとまだ37℃だった」

「あまりの暑さのため，蚊が生息していない」

この国の人々はこの異常な暑さをどのようにやり過ごしているのだろうか。

首都のジブチ市では，役所や民間企業は朝7時に始業し，気温が高くなる前の午後1～2時頃には仕事を終える。学校も，子どもたちは午前7時に登校し，12時に午前中の授業を終えると一度帰宅する。昼食をとり昼寝をしたあと，夕方4時頃に再び登校し，午後の授業を受ける。もっとも気温が高くなる昼過ぎには，繁華街の商店はシャッターを下ろし，通りは人影が途絶えてゴーストタウン状態になる。

日が落ちて夜になると気温は30℃前後まで下がる。街には明かりが灯り，通りでは様々な露店が営業を始め，ようやく人々が集まりだして街に活気が戻ってくる。

ジブチのこのように異常なほどの酷暑の原因は何だろうか。それは，年間を通じてインド洋に出現する亜熱帯高気圧と，ジブチが周囲を3000 m級の山々に囲まれて盆地状の地形になっていることだ。高気圧に覆われているところでは下降気流が発生することを理科の授業で学ぶが，年間を通じて亜熱帯高気圧に覆われているジブチでは，この下降気流が周囲の山々から乾燥した強烈な熱風となって吹き下ろす。いわゆるフェーン現象である。3000 mという高低差のため，この熱風は50℃を超え，しかも盆地になっているので，熱気が溜まってしまう。さらに，アフリカの大地溝帯に位置するジブチは火山活動が活発であり，地熱が高いことも暑さに拍車をかけているという。

なお，ジブチの中央部に位置するアッサル湖は，湖面がアフリカ大陸の最低標高地点の海面下153 mにあるカルデラ湖だが，酷暑と乾燥のため，塩分濃度が34.8度と通常の海水の10倍以上ある。身体を横臥しても沈まずに浮かぶことで有名な，イスラエルの死海を上回る世界一塩分濃度が高い湖である。

アフリカには，今，どれくらいの数のライオンが生息しているのだろうか？

日本国内の50ヵ所以上で飼育され，動物園では定番の人気動物ライオンだが，今やアフリカでは絶滅の危機に直面している。

氷河時代が終わったおよそ1万年前には，**ライオン**は人間に次いで，地球上の広範囲に生息する大型哺乳類だった。その生息地はアフリカ全土からヨーロッパや南アジアに及ぶ広範囲に分布し，古代ギリシャではライオンをモチーフにしたコインが多く作られ，古代ローマのコロセウムでは，奴隷の剣闘士とライオンの戦いが行なわれていた。

しかし，ライオンが生息する地域は人間の生活圏が拡大するにつれ，それと反比例するかのように縮小し，やがて，ヨーロッパや北アフリカ，西アジアでは完全に消滅してしまう。最大の生息地であるアフリカでも，半世紀前にはまだ50万頭が生息していたとされるが，現在の推定生息数は約2万頭まで減っている。

西アフリカでは，2013年までにナイジェリアなど10ヵ国を対象にライオンの生息数調査を実施したところ，2004年には約1000頭が確認されていたのが，10年足らずの間にわずか250頭にまで激減していた。もはや絶滅寸前状態だ。比較的生息数が多いのは東アフリカのサバンナだが，それでもケニアの場合，推定生息数は約2000頭，これを密度に換算すると，東京23区の広さにたった2頭だ。ライオンは10～20頭の群れで生活するが，生息の密度が希薄になり，それぞれの群れが孤立した状態になると，近親交配が進み，繁殖性や生存性が低下するという。サファリツアーで多くの観光客がケニア各地の国立公園を訪れるが，野生のライオンに出会うのは難しく，動物王国といわれるケニアであっても，実際にライオンを見たことがない子どもたちが多いという。

ライオンが激減した最大の要因は，人間たちが長年にわたってライオンの生息地を侵食し続けていることにある。農地や放牧地の拡大，森林の伐採，鉱物資源の採掘などによる生息環境の悪化と餌となる草食動物の減少，さらに，餌がなく，飢えたライオンが家畜を襲い，害獣として人間に射殺されたり，人間の生活圏に迷い込み，自動車や列車に轢(ひ)かれたりする事故も起きている。

ライオン以外のアフリカの野生動物はどうなのだろうか。

アフリカゾウは，100年前には1200万頭が生息していたと考えられているが，現在は約42万頭に減少している。**キリン**もこの30年間で4割近く減少し，現在の推定生息数は11万頭ほどだ。ただ，ニジェールでは，1996年に49頭にまで減ったキリンが，政府が推進する保護プログラムによって，現在では600頭にまで回復しているのは明るい話題だ。**チンパンジー**の推定生息数は約12万9000頭，しかし，**マウンテンゴリラ**は2010年の調査ではわずか880頭しか確認できず，絶滅の危機に直面している。アフリカ大陸でもっとも多く生息している野生動物はウシ科の**ヌー**だ。推定生息数は約150万頭。ヌーはライオンなど肉食動物の貴重な食料源であり，アフリカの生態系において重要な役割を担っている。

しかし，アフリカ大陸でもっとも多い動物は**人間**だ。2023年現在，ライオンの6.7万倍，ヌーの約900倍の14億人が居住しており，さらに毎年2600万人ずつ増え続けている。

携帯普及率100%超え，ケニアがキャッシュレス世界一になったのはなぜ？

サバンナで暮らす遊牧民マサイ族も，成人のほとんどはスマホや携帯電話を持っており，若者はSNSを活用している。

ケニアの人口は約5300万人。しかし，携帯電話契約数は人口を上回る約6500万台（2021年）。この20年で約70倍に増えており，驚異的なペースで携帯電話（スマホを含む）の普及が進んでいる。ケニアでは，支払いや受け取りに現金を使用せず，携帯電話を使ったモバイル決済が一般化しており，電子マネー支払いやコード決済などを指標として算出したキャッシュレス指数は80，日本の39や欧米の先進諸国を上回り，なんと世界第1位である。

ケニアでは，**「エムペサ（M-PESA）」**というモバイルマネーサービスが圧倒的な支持を得ている。M-PESAの「M」はMobile，「PESA」はスワヒリ語でお金を意味する。M-PESAのユーザー数は約3000万人，人口の約60%の人が利用しており，M-PESA上のサービスを利用した取引総額は4～5兆円規模であり，これはケニアのGDPの約半分にあたる規模である。

M-PESAがこの国にこれほど浸透しているのは，簡単にいうと携帯を使えば送金から出金・支払いまで何でもできるからだ。地方から都会に出稼ぎに来た人たちが，稼いだお金を家族や同郷の親戚に送るのは，この国では日常のことである。その場合，以前は郵便局から送金するか帰郷の際に自分で持ち帰るしか方法がなかった。しかし，郵便局は大きな町にしかないのでそこまで出向かなければならず，現金を持っていると，途中で奪われる恐れもあった。そんな不安を解消したのがM-PESAの送金サービスである。次のような仕組みだ。

送金しようとする者はM-PESAの代理店で自分の口座に入金し，相手の携帯番号・金額・あらかじめ設定した暗証番号を入力したショートメッセージを送信するだけでよい。受取人は,近くの代理店へ行き,届いたメッセージの情報を画面上で入力し，身分証明をすればお金を受け取ることができる。M-PESAの代理店はケニア全土に約7万店,国内各地にあり,携帯電話さえあれば手軽にお金の出し入れができる。さらに，スーパーやコンビニでの買物，公共料金や学費などの支払い,給料の支払いや受け取りなどにもM-PESAが使われている。

M-PESAのサービスは，インターネット回線ではなく通話回線を使っているので，ガラケーでも利用が可能である。ケニアでは，中国製やインド製の1,000円程度の安価なガラケーが販売されており，それらは文字が読めない層でも利用可能であることから，今ではこの国の成人のほとんどが携帯電話を持っている。若者たちはスマホを使っているが，それでも数千円ほどで購入できる。

ただ，携帯電話は持っていても充電をしなければ使えないが，農村部にはまだ電化されていない地域が多い。そのようなところでも小型のソーラーパネルを使って充電したり，キオスクと呼ばれる簡易店舗で1回約20円ほどを支払って充電サービスを受けたりすることができる。

今や，ケニアにとどまらず，アフリカ全土で携帯電話の普及が進み，急激にモバイルマネー市場が拡大している。

マダガスカルの人たちが日本人の2.4倍のコメを食べるのはなぜ？

マダガスカルの国民が1日に食べるコメの量は，1人当たりおにぎり6.3個分の283g，アジア以外の国では世界最多だ。

コメは**マダガスカル**の人たちの主食である。国民1人当たりの食料供給（エネルギー換算）に占めるコメの割合は，日本の22%に対し，マダガスカルは48%と高率だ。マダガスカル語で「食事をとる」ことを，「ミヒナブァリ（mihinam-vary）」というが，直訳すると「コメを食べる」であり，それほどコメはこの国の人たちの生活に根付いている。食べ方は，米飯をベースにして野菜や肉類を付け合わせにした料理が基本だが，雑炊やおかゆにすることも多い。

しかし，アジアから数千kmの海を隔てたマダガスカルの人々が，なぜアジアが原産のコメを食べるようになったのだろうか。マダガスカル人のルーツについては詳細は不明だが，言語学的には，彼らはマレー・ポリネシア語族に属し，3～10世紀にインドネシアの島々からカヌーに乗ってやってきたと考えられている。マダガスカル語で米を表わす「ヴァリVary」はマレー語やインドネシア語で米を表わす「ブラスBeras」と発音がよく似ており，稲作もこの頃にマダガスカルに伝わったのだろう。

また，マダガスカルでは，田んぼの中に何頭もの牛を追い込んで歩き回らせる「蹄耕」と呼ばれる代掻きや，収穫の際には穂だけを摘み取る「穂摘み」を行なうが，これらは東南アジアの島々に見られる農法と酷似している。さらに，マダガスカルで栽培されているコメは，東南アジアや南アジアで栽培されているコメと同じインディカ米やジャバニカ米である。日本など東アジアで栽培されるジャポニカ米は栽培されていない。これらのことから，マダガスカルで栽培されているコメは，インドネシアの島々からインド南部を経由し，インド洋を渡ってもたらされたのではないかと推察される。

マダガスカルは，アジア南部と気候が類似しており，コメの他にもココヤシ，タロイモ，ヤムイモ，パンノキなどアジアが原産地と考えられる様々な作物が栽培されている。これらはかなり古い年代にマダガスカルに伝播したと思われるが，ただ，その詳細についてはまだ不明の点が多い。

ただ，近年，この国のコメ消費量が減っている。マダガスカルでは，コメは南西部の乾燥地帯を除くほぼ全土で栽培されており，1970年代までは重要な輸出品であった。国民1人当たりのコメ消費量は，1960～1980年代には現在の倍近くあったという。しかし，昔ながらの人力や畜力のみに頼る農法のため，生産性が上がらず，マダガスカルの1ha当たりのコメの収穫量は2t程度であり，日本の半分ほどである。その一方，人口はこの半世紀で3.5倍に激増しており，需要が供給を大きく上回り，近年は深刻な食料不足が続いている。そのため，不足するコメを輸入に依存するようになり，国内の米価が高騰し，貧困層の人々はコメを購入できず，安価なキャッサバやトウモロコシをコメの代わりに食するようになった。コメの増産と安定供給がこの国の重要課題となっている。

ジンバブエで世界一の高額紙幣 100兆ドル札が発行されたのはなぜ？

2008年，ジンバブエでは年間2億3100万％という世界史上類を見ない超インフレに見舞われた。何が原因だったのだろう。

1980年，黒人国家として独立した**ジンバブエ**は，当初，旧支配層である白人との融和政策を推し進めて農業生産を拡大させ，資源開発を進め，教育や医療にも力を注ぎ，「ジンバブエの奇跡」と国際社会から称賛されるほどの発展を遂げた。

しかし，1987年にロバート・ムガベが大統領に就任すると，彼の政府はそれまでの融和政策を一変させ，白人が主導する経済からの脱却を目指して，次々と強硬な経済政策を打ち出す。

まず，2000年に白人が所有する農地を強制的に接収する法律を制定した。白人農場主を追い出し，農地を黒人に無償で分配したのだ。しかし，農業経営や農業技術が未熟な黒人農民たちは，土地を与えられても自立することができず，農業生産が著しく低下して食料不足が蔓延し，インフレが発生するようになった。

2007年から施行された外資系企業の株式強制譲渡法も無茶な法律だ。ジンバブエに進出している外資系企業の株式の半分以上を黒人に譲渡せよという内容のものだ。当然，企業は反発し，相次いでジンバブエから撤退する。その結果，国内の商工業や流通が大打撃を受け，物資の供給が不足するようになり，インフレに一層の拍車をかける結果となる。

さらに，政府はインフレを抑えようと，とんでもない法令を出す。すべての商品やサービスの価格を強制的に半額にする価格統制令である。価格が半額になったのではいくら売っても，企業は赤字になり，新たに製品を製造したり仕入れたりすることができなくなる。結局，倒産する企業が続発して需要と供給のバランスが崩壊し，インフレに歯止めが効かなくなってしまう。しかもその間，コンゴで起こった内戦への介入，公務員や兵士の給与の引き上げ，ムガベ自身の選挙費用の捻出などのために，政府は通貨の発行額を増やし続けていた。「お金が足りない?!　ならばどんどん印刷しろ！」実にわかりやすく単純な発想だが，その結果は誰にでも予想がつく。

物価の前年度比は2000年にはまだ56%だったが, 2003年に385%, 2006年は1281%，2008年に入ると35万5000%，そして，同年7月には2億3100万%という歴史上類を見ない猛烈なインフレを記録する。その間，政府は通貨単位を切り下げるデノミを何度も繰り返したが，そんなことでは根本的な解決にならず，2009年1月，ついに**100兆（100,000,000,000,000）ジンバブエドル**というとんでもない高額紙幣を発行する。こんなにたくさん並んだ0を見ても，おそらく誰もピンとこないと思うので，当時の為替レートを紹介する。米ドルに換算すると1米ドルが41兆ジンバブエドル，日本円ならば1ジンバブエドルは約0.0000000000022円，100兆ジンバブエドル札といっても220円ほどの価値である。この超インフレは，2009年2月にジンバブエドルの流通が停止され，米ドルや南アフリカランドを使用する複数外貨制が導入されてようやく収束する。

余談だが，現在，この100兆ドル紙幣はコレクターの間で人気があり，Amazonや楽天市場では3000～5000円の値が付いている。

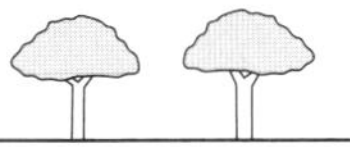

タンザニアの子どもたちが朝の2時に登校するのはなぜ？

タンザニアでは朝の1時にはすでに日が昇り，夜の1時頃に日が沈む。これはどういうことなのだろうか？

タンザニアなど東アフリカのスワヒリ文化圏では，**スワヒリタイム**と呼ばれる独特の時間表現が使われている。我々の常識では，夜中の0時を境に日付が変わるが，スワヒリ圏では，日没が境であり，日が沈むと1日が終わり，次の1日が始まる。1日を24時間に区分するのは同じだが，国際時間は午前と午後に分かれるのに対し，**スワヒリタイム**は昼時間と夜時間に2分される。日が昇って明るくなる国際時間の午前7時がスワヒリタイムでは1時であり，そこから人々が活動する日中の12時間が昼時間，日が沈んで暗くなる国際時間の午後7時が夜時間の1時であり，このタイミングで日付が変わる。

「お昼過ぎの9時に待ち合わせ」などと言われると外国人は戸惑ってしまうが，スワヒリタイムの昼の9時は国際時間では午後3時のことだ。「子どもたちが朝の2時に登校」というのは，国際時間では午前8時，つまり，日本の子どもたちと同じ登校時間だ。6時間のズレなので，時計の文字盤の180度反対側の時刻と思えばわかりやすい。

もっとも公共の場所にある時計は国際時間を示している。しかし，人々はその時計から6時間ずらしたスワヒリタイムを読み取る習慣がしっかり身についているという。

73

南アフリカにペンギンの生息地があるってホント？

ペンギンといえば南極をイメージするが，空を飛べないのに南極大陸から3800kmも離れたアフリカに，なぜペンギンの生息地があるのだろうか。

ペンギンといえば誰もが南極大陸を思い浮かべるが，その生息地は，太平洋，大西洋，インド洋の南半球の広い海域に分布している。意外だが，なんとアフリカ大陸にもペンギンの生息地があり，**ナミビア**から**南アフリカ共和国**までの沿岸部や島嶼部に，**ケープペンギン**と呼ばれる種のペンギンが生息している。

ヨーロッパ人が初めて見たペンギンは，実はこのケープペンギンだと考えられる。15世紀末にインド航路を開拓したヴァスコ・ダ・ガマの船隊の航海記録に「ガチョウほどの大きさで，翼に羽根がないため飛べず，ロバのような鳴き声の鳥」と書き留められており，ケープペンギンの特徴と一致する。

温暖なアフリカにペンギンが生息するのは，沖合を南極から流れてくる寒流がイワシなど豊富な餌を運んでくるからである。ペンギンの生息には，南極のような極寒の地が適しているように思われがちだが，ケープペンギンは，気温が30℃を超える環境でも生きることができる。おそらくケープペンギンは雪や氷などを見たことがないだろう。

アイスランド
グリーンランド
75
74〈北極圏〉
86
カナダ
76
アメリカ合衆国
77 78 79 80
ドミニカ
共和国
メキシコ
キューバ
81
83 ジャマイカ
82〈中央アメリカ〉
84
パナマ
エルサルバドル
85
コスタリカ

第4章

南北アメリカ

86
コロンビア
ペルー
87
ブラジル
89
ボリビア
88
チリ 91
アルゼンチン
90

北極圏に暮らす人々の呼称「エスキモー」は差別用語なのか？

カナダでは，エスキモーは差別的な言葉であるとして，代わりにイヌイットという言葉を使うようになったのだが……

「**エスキモー**」はカナダ北部・アラスカ・グリーンランド・シベリアなど北極海周辺で，狩猟採集をする先住民の総称として，広く使われてきた呼び名だ。ところが，1970年代にアメリカで公民権運動が広がり，その影響を受けて**カナダ**で先住民運動が活発になると，エスキモーという言葉は「生肉を食べる人」を意味し，先住民を差別する蔑称であるとして，この言葉を先住民の名称として使うことに反発する声が高まる。そして，カナダでは，エスキモーという呼称に代えて，先住民の言葉で「人」を意味する「**イヌイット**」という呼称が一般的に使われるようになった。

こうした動きに応じて，1990年頃から日本でも新聞や出版などのマスコミは，エスキモーに代えてイヌイットという呼称を使い始める。中学校や高校の教科書からもエスキモーという語句が差別用語として排除された。

しかし，イヌイットはカナダのエスキモーが使うイヌクティトゥット語であって，カナダ以外では使われない言葉だ。アラスカやシベリアのエスキモーは，逆に自分たちはイヌイットではないとしてイヌイットと呼ばれることに不快感を示すという。本来，エスキモーは単一

の民族ではなく，アラスカからシベリアにかけて居住しているのは，**ユピック**や**イヌピアット**と称する明らかにカナダのイヌイットとは異なる集団である。グリーンランドに居住する集団はイヌイットと同族だが，イヌイットではなく**カラリット**と自称している。エスキモーは北極圏の先住民全体を指す呼称だが，イヌイットはカナダ国内のエスキモーを指した呼称なのだ。

また，カナダ以外のエスキモーの多くは，自分たちがエスキモーと呼ばれることに違和感を抱いていない。エスキモーという呼称を差別用語として捉えていないのだ。なぜならエスキモーとは「生肉を食べる人」ではなく，本来はアメリカインディアンのアルゴンキン族の言葉で,「かんじきを編む者」という意味なのである。それがいつしか「生肉を食べる人」という誤った解釈が広まり，侮蔑の意を帯びるようになったという。

そもそも，生肉を食べることを非文化的と決めつけること自体が偏見である。肉だけではなく魚はもちろんタマゴでさえ必ず火を通して調理するのがヨーロッパ人にとっては常識であり，文化なのだが，そんな彼らの価値観を基準に他民族の食文化を見下し，否定するのはヨーロッパ人の傲慢であろう。

エスキモーという言葉は差別用語ではなく，また，エスキモーという呼称を使わず，イヌイットと呼び改めるべきだという主張は適切ではない。カナダの場合はイヌイットと呼ぶべきだろうが，その他の地域の先住民をどう呼ぶのかは，それぞれの先住民のアイデンティティを尊重すべきだろう。日本ではきちんとした議論がないまま，エスキモーという言葉が差別用語として排除されたが，現在はイヌイットと併用して使われることが増えており，教科書にもエスキモーという言葉が復活している。

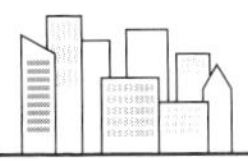

雪と氷の白一色の島が「グリーンランド」と呼ばれるのはなぜ？

大部分が北極圏に属し，その約80%以上が氷雪に覆われた白一色の島がなぜ「緑の島」と名付けられたのだろうか？

グリーンランドは面積217万km^2，日本の国土の約5.7倍に相当する世界最大の島である。人口はわずか5.8万人ほど，島の大部分は氷床と万年雪に覆われた「氷の大地」と呼ばれる白一色の島だ。そのような島の名がなぜグリーンランド，つまり緑の島なのだろうか。

10世紀末にヨーロッパ人として初めてこの島に入植したエイリーク・ソルヴァルズソンが命名したという説がある。彼は，ノルウェーから**アイスランド**に渡り，そこでバイキングの首領となっていたが，この島が緑が豊かであったにもかかわらず，極寒の島をイメージする「アイスランド（氷の島）」という名から入植を希望する者が少なかったため，新天地には入植希望者が多数集まるように「緑の島」と名付けたという。人集めのための誇大広告，つまり偽称だったのだ。

しかし，10世紀頃のグリーンランドは，今よりも温暖で，実際に樹木が生い茂った緑豊かな島だったという説もある。氷床コアや生物の調査が進み，当時のアイスランドやグリーンランドは現在よりも気温が高かったことが明らかになっている。

なお，現在のグリーンランドの主産業は漁業だが，近年は，石油など鉱産資源の開発に期待が高まっている。

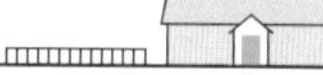

カナダの首都が，大都市ではなく田舎町のオタワになったのはなぜ？

カナダの首都はケベック，モントリオール，トロントとめまぐるしく移ったが，最終的にオタワに決まった事情とは？

カナダの首都**オタワ**は，今でこそ人口100万を数える国内第４位の大都市だが，1857年に首都に決まった頃は，周辺にはまだ先住民が居住する林業主体の小さな田舎町だった。そんなオタワを首都として選んだのは，当時，カナダを植民地として統治していたイギリスの**ヴィクトリア女王**である。

16世紀にフランスはカナダに植民地を開いたが，イギリスとの抗争に敗れ，1763年，カナダはイギリス領となった。しかし，**ローワーカナダ**と呼ばれるカナダ東部のケベック州は今もフランス系住民が多く，**アッパーカナダ**と呼ばれるオンタリオ州以西にはイギリス系住民が多い。両地域は文化の違いから反目し合うこともあり，P. 124で紹介した英仏対立の縮図がカナダにも見られた。首都もモントリオール，ケベック，トロントとめまぐるしく変遷していたため，女王がどちらの住民も不満を持たぬようローワーカナダとアッパーカナダの境界に位置するオタワを新たな首都に選定したのである。

なお，当時のカナダは隣国のアメリカが軍事的な脅威であり，モントリオールやトロントはアメリカとの国境に近いが，オタワは国境から離れているという国防面の理由もあったようだ。

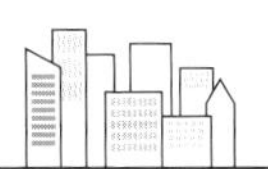

77

アメリカ合衆国の「合衆国」ってどういう意味？

かつて,『アメリカ合州国』という本がベストセラーになった。「合衆国」と「合州国」, 違いは何だろう？

アメリカ合衆国の英語表記は「**United States of America**」, 略して**USA**, Uniteは「結びつける」, Stateは「国」または「州」という意味だ。それがUnited Statesとなると, どうして「合衆国」という日本語訳になるのだろうか。

もう半世紀も前だが, 1970年代に本多勝一氏の『**アメリカ合州国**』という本が出版され, 当時, そのタイトルが大きな社会的反響を呼んだ。合州国とは文字通り「州が連合した国」を意味し, United Statesを直訳すればむしろ合州国が正しいかもしれない。

一方, 合衆国という言葉だが, ペリーが来航した幕末には, すでに「United States of America」の訳語として「米利堅合衆国」という表記が使われている。しかし, 合衆国という訳語は, 和製漢語 (P. 16参照) ではなく, 実は中国由来である。

1844年, 米中間で条約が締結された際に, 清朝の官僚がUnited Statesの訳語として, 当初, 考案したのは合州国と同じ意味を持つ「合省国」だった。“省”とは中国（清）の地方行政の単位であり, 当時, 清は18の省に区分されていた。しかし, 同時期のアメリカは26州, 清の省の数より多く, 合省国では清よりもアメリカの方が大国である

との印象を与えるとして，合省国を回避して合衆国という訳語が採用されたのである。

合衆国の由来は，清の地理書『海国図志』の中でアメリカという国の成り立ちを説明した一節の「故能連合衆志自成一國」に依拠する。“衆”は「多くの人々」を意味し，アメリカはヨーロッパ各国から移り住んだ多くの人々が各地域で自治を行なっている国として紹介されている。

つまり，合衆国とは多くの人種や民族が集まり，共同統治をする国という意味なのだ。しかし，1970年代のアメリカ社会は貧困や人種差別という問題を抱え，“衆”は不平等であり，合衆は実現しておらず，アメリカは単に州が集まっただけの合州国にすぎない。本多氏はそのようなことを言いたかったようだ。

もちろん，アメリカは州が連合した国家には違いない。ただ，その場合はUnited Statesではなく「連邦」を意味するFederalという用語を使う。例えば，Federal Government（連邦政府）や，FBIの名称で知られるFederal Bureau of Investigation（連邦捜査局）という場合である。

なお，隣国の**メキシコ**も正式国名はメキシコ合衆国といい，英語表記はThe United Mexican Statesである。メキシコは一つの連邦直轄区（メキシコシティ）と31の州で構成されている。ブラジルも現在はブラジル連邦共和国だが，1967年まではブラジル合衆国だった。

世界一肉好きのアメリカ人が，牛肉より鶏肉を食べるようになったのはなぜ？

アメリカで消費される肉のうち，この半世紀で牛肉は50％から20％に激減したが，鶏肉は20％から36％へ1.8倍も伸びている。

アメリカは，1人当たり1年間に食べる肉の量が100kgを超える世界で唯一の国である。その中でもアメリカ人がもっとも好むのは牛肉だ。ビーフステーキやミートローフなどアメリカの牛肉料理は多彩だが，とりわけハンバーガーはアメリカ人のソウルフードであり，1人当たり年間150個は食べるという。しかし，近年，そんなハンバーガー人気に陰りが見え始め，現在の消費量はピークだった2010年から約20％減っている。

ハンバーガーに代わって，アメリカの若者たちに人気が高まっているのは，チキンサンドなど**鶏肉**を使ったファストフードだ。2022年，人気ファストフード店の顧客満足度で，ハンバーガーやピザの人気ショップを抑えて全米No.1になったのは，鶏肉料理に特化したレストランチェーンの「チックフィレイ（Chick-fil-A)」だった。

かつて，アメリカ人はあまり鶏肉を好まなかった。鶏肉はほとんどが丸鶏のまま売られていたため，1羽だと家族で食べるには小さすぎ，1人で食べるには大きすぎる。丸焼き調理は時間がかかり，味付けが難しいため，消費者からは敬遠されていたのだ。

そんな鶏肉をアメリカ人が食べるようになった最初のきっかけは，

第二次世界大戦中，牛肉が不足するようになり，その代替のタンパク源として安価な鶏肉が推奨されたことである。戦後も徐々に鶏肉の消費が伸びるが，次のきっかけは，1950年代から60年代にかけて，フライドチキンやチキンナゲットなど鶏肉を使ったファストフードの登場だ。ハンバーガーやホットドッグなどと同様にどこでも手軽に食べられることから鶏肉の消費が伸びる。

鶏の品種改良や養鶏技術の進歩により，生産コストが大きく下がったことも鶏肉の消費が伸びた要因だ。現在アメリカで飼育される鶏は，畜肉1kg当たりの生産に必要な餌の量つまり飼料要求率は，牛肉のわずか7分の1ほどだ。

2000年代に入ると，アメリカ人の死因第1位の心臓病のリスクを下げるため，脂肪分の多い食品を避け，ヘルシーな食品を求める健康志向が高まり，コレステロールが多い牛肉に代わるヘルシーな食材として鶏肉が注目されるようになった。

また，SDGsが叫ばれる昨今，牛が出すゲップに温室効果ガスのメタンが多く含まれることが，脱炭素社会を目指す中で無視できない問題となっており，牛肉を食べるのを控えることが環境への配慮になると考える人も増えている。

アメリカ国内の食肉消費量の推移〈アメリカ農務省資料〉

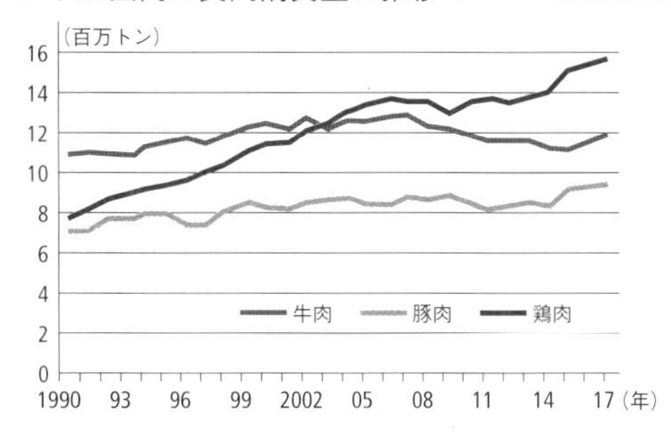

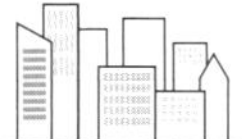

79 銃社会のアメリカで，毎年どれくらいの人が銃の犠牲になっているのだろうか？

アメリカ国内には約3億丁の銃が出回っており，スーパーでも簡単に銃が購入できる。なぜ銃規制が進まないのだろうか？

2021年，1年間にアメリカ全土で**銃**によって命を落とした人の数は約4万8000人，1日当たりでは約130人，これはベトナム戦争10年間（1964～73）の戦死者4万7434人を上回る数だ。

平均的なアメリカ人が，自殺や事故死を除外し，犯罪や乱射事件などに巻き込まれて銃撃の犠牲となって死亡する確率を他の死因と比較すると，交通事故死の1.5倍，溺死の3.6倍，ハリケーンや地震・落雷など自然災害で死亡する確率の10倍になるという。

20歳未満の若者に限ると，死因の第1位を銃器関連が占めている。

他国と比較してみよう。アメリカは銃撃の犠牲となる確率は人口10万人当たり4.1人，2位のチリの1.8人を大きく上回り，先進国の中では飛び抜けている。ちなみに日本は0.02人だ。

なぜ，アメリカはこのように銃で命を落とす人が多いのだろうか。理由は二つある。

一つめの理由は，国内に半端じゃない数の銃があること。アメリカ国内にはマクドナルドの店舗数のなんと3.6倍の銃砲店があり，年間約2000万丁の銃を販売している。銃の普及率は人口100人当たり121丁と人口よりも多く，アメリカの人口は世界の5%だが，世界中

にある銃の約半分を所有している。

二つめの理由は，**銃規制**が困難なこと。合衆国憲法修正第2条には「人民が武器を保有し，また携帯する権利は，これを侵してはならない。」と定められており，個人が自衛のために銃を所有することが認められている。しかし，アメリカでは，銃は自衛の場合にとどまらず，トラブルや怨恨による殺人，無差別乱射，家庭内暴力，警官の発砲，自殺などに使用され，どの国よりも多くの人が銃によって命を落としているのが現実である。

国民の間では，銃問題について意見は二分している。銃を保有する人が少なくなれば，社会は安全になり，銃で死ぬ人が減ると考えるのは銃規制の強化を望む人々だ。アメリカでは銃の数が人口を上回るとはいえ，実際のところ，銃の所有には偏りがある。全米の3分の2の家庭には銃はなく，とりわけ都市部ではこの傾向が顕著で，ニューヨーク郊外のニュージャージー州では，銃の所有率はわずか6%にすぎない。

それに対し，銃を持つことで身を守ることができ，犯罪を抑えることができると主張する人々も多い。銃規制に反発する代表的な存在が，アメリカ最大のロビー団体である**NRA（全米ライフル協会）**だ。NRAは「人を殺すのは人であって銃ではない」と言い切り，銃による犯罪を減らすために必要なことは，より多くの人に銃を持たせ，銃の正しい使い方を教えることだと主張している。

今のアメリカでは，銃の所持を禁止することは困難というより現実には無理だろう。しかし，大半のアメリカ人は何らかの規制が必要だと感じている。アメリカの銃社会の背景にある歴史，文化，政治などの事情は日本人には理解が難しいが，人が作った法律や制度ならば，人の力で改善できるのではないだろうか。

アメリカ人がマスクを嫌がるのはなぜ？

新型コロナ感染症が蔓延した頃,「マスクをしてもいいし，しなくてもいい。私はしないだろう」こう発言したトランプ大統領（当時）はその理由を尋ねられると「私はマスクをしたくないからだ」と答えた。

コロナ禍以前から，日本では風邪の予防や花粉症対策として**マスク**は日常に浸透していた。しかし，コロナ禍以前のアメリカではマスクをする人はほぼ皆無，ドラッグストアでもマスクは販売されていなかった。それどころか，多くの州では，公共の場でマスクを着用すること自体が法律で禁止されていた。

マスクの着用を最初に禁止したのはニューヨーク州だが，1845年というから南北戦争より20年も前だ。理由は，マスクで顔を隠すことは，周囲の人に恐怖を与えるからだという。当時，顔を隠すのはギャングくらいであり，マスクなどで顔を隠す行為は強盗などの犯罪者を連想させたのだ。そして1960年頃，白人至上主義を唱え，顔を隠した白装束で黒人たちに暴力を振るう過激なヘイト集団であるKKKの活動が活発になると，その対応策としてマスク禁止法を制定する州が増える。

そのような歴史的な経緯があり，アメリカ人にはマスクに対して抵抗感や嫌悪感を持つ人が多い。テキサス州のあるレストランでは，マスクを着用しているという理由で客が店から追い出されるという日本ではあり得ない事件もあった。

しかし，2020年，世界を襲った**コロナパンデミック**はアメリカの人々のマスクに対する認識を大きく変えてしまう。コロナ感染による死者数が世界最多となったアメリカでは，感染拡大を抑止するため，外出時のマスクの着用を推奨もしくは義務づける方針を打ち出し，マスク禁止法を定めていた州は，相次いでこの法律を廃止あるいは停止する。ニューヨークの街中を歩く人々のほとんとがマスクをしているという以前には想像すらできない光景が日常になったのだ。

ただ，それでも冒頭の発言をしたトランプ氏のように，マスク着用に納得しないアメリカ人は多い。「アメリカは自由の国であり，マスクの着用を判断するのは個人であって政府ではなく，強制すべきではない。」「健康な人が身を守るのにマスクは効果がない。体調が悪い人は外出しなければよい。」さらに，窒息してしまう。みっともない。病人や不審者と思われてしまうなどの理由を挙げ，マスクの着用に反発する人は多かった。

カリフォルニア州では，感染拡大を危惧する知事がマスク着用令を出したが，州内のある自治体では一部の住民の強い反発を受け，着用令を撤回した。逆に，マスク着用を嫌ったネブラスカ州の知事は，マスク着用を義務付ける州内の自治体にはコロナ助成金を与えないと警告した。

「**withコロナ**」の時代に入った2022年以降，アメリカでは，マスクの義務化がすべての州で解除され，ニューヨークの街中でマスクをした人をほとんど見かけなくなった。マスクをするかしないかの判断は個人に任せられている。しかし，マスク禁止法の復活を図る州があるという。アメリカ人のマスクに対する認識は，やはり，日本人とはかなり違うようだ。

81 メキシコで大麻が合法化されたのはなぜ？

大麻は大麻草という植物由来の薬物で，マリファナとも呼ばれ，麻酔作用や陶酔効果があり，法律で使用を規制している国が多い。

メキシコでは医療大麻の使用はすでに認められていたが，嗜好用としての大麻の使用についても，2021年，これを容認する法案が議会で可決された。国内での**大麻の所持や生産が合法化**されたのだ。具体的には，18歳以上の成人が嗜好目的で個人で使用する場合は，28gまでの所有が認められ，大麻の苗を6本まで自宅で栽培することが容認された。このほか，商用大麻の栽培や加工，販売，輸出入については，国がライセンスを付与し，法律の遵守状況を監督することが規定されている。

日本では大麻を持っているだけで犯罪だ。それをメキシコ政府はなぜ合法化したのだろうか。コロンビアなど中南米の麻薬生産国と最大の麻薬消費国である隣国アメリカの密輸ルートの中継点に位置するメキシコには，長年にわたり複数の麻薬組織が暗躍し続けている。それらの組織は，麻薬の密輸による莫大な利益をめぐって「麻薬戦争」と呼ばれる対立や抗争を続け，そのために，毎年，数千人が命を落としていた。もちろん，政府は，ただ手をこまねいていたのではなく，取り締まりに力を入れてきた。しかし，麻薬組織が警察や政治家などと癒着していたり，軍隊レベルの武装をしている組織があったりし，な

かなか成果が出なかった。

そこで，メキシコ政府がとった政策が大麻の合法化，つまり逆転の発想である。メキシコでは，麻薬関連ビジネスは裏の第一産業と呼ばれることもあったが，これを犯罪組織による裏ビジネスではなく，合法化によって，大麻の栽培・販売・使用をすべて国が管理し，密売による資金源を絶ち，組織を撲滅することを狙ったのである。

大麻の合法化には次のようなメリットもある。まず，大麻の栽培や流通に政府が関わることにより，雇用や消費を増大させることができる。大麻栽培のライセンスを小規模農家や先住民に優先的に与えることは貧困対策として有効となることが期待される。合法化に伴う生産特別税や付加価値税など新たな税の導入により政府の歳入が増える。

さらに，これまで国内の犯罪の多くに麻薬組織が関係しており，それが警察や裁判所の業務を渋滞させていたが，それが解消すれば国内の治安の回復にもつながる。

なお，2020年には国連麻薬委員会が，医療や研究目的の大麻を危険な薬物分類から削除することを提起して，日本は反対票を投じたが，53ヵ国の賛成により承認された。WHOは「大麻は医療目的で適切に利用すべきであり，嗜好目的の使用を促すものではない」と勧告している。

2022年，メキシコを含め，世界では7ヵ国が**医療用大麻**だけではなく**嗜好用大麻**も合法化しており，今後さらに増える兆しがある。しかし，各国の合法化の理由は，犯罪組織による流通を防ぎ，国が管理できるからであり，使用はタバコのように自己責任とし，決して健康被害がなく，大麻が安全であることを認めたわけではない。

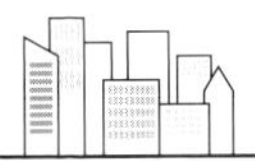

82 中央アメリカやカリブ海の国々が，ミニ国家ばかりなのはなぜ？

面積が南北アメリカの2％もないこの地域に，20もの国々がある。しかし，人口は20ヵ国を合計しても1億人に満たない。

中央アメリカは，メキシコの南方からパナマ地峡までの南北アメリカ大陸をつなぐ細長い地域の総称である。総面積は隣国メキシコの半分ほどだが，ここにグアテマラからパナマまで七つのミニ国家が分立している。中央アメリカの東に広がる**カリブ海**の海域にはキューバやドミニカなど13の島嶼国家がある。併せて「**中米**」や「**中部アメリカ**」と呼ぶこともある。この地域には合計20の国々があるわけだが，最大面積のニカラグアでも日本の3分の1ほどの広さしかなく，16ヵ国は北海道よりも小さい。さらに，そのうち7ヵ国は沖縄本島や佐渡島よりも小さい。人口も20ヵ国を合計しても約8800万人，これは日本の総人口の7割ほどにすぎず，そのうち人口が100万人に満たない国が17ヵ国もある。

北米にはアメリカやカナダ，南米にもブラジルやアルゼンチンなど日本よりはるかに広大な国がいくつもあるが，なぜ中米は小国家ばかりなのだろうか。そこには次のような背景がある。

まずこの地域の複雑な歴史である。中央アメリカのほとんどの地域はかつてスペイン領であったが，17世紀以降，イギリス，オランダ，フランスが相次いで進出するようになり，それらの国々がこの地域を

植民地として細分化してしまう。19世紀に入ると，アメリカが自国中心の「パンアメリカニズム」政策を推進し，この地域に政治的経済的に強い影響力を持つようになり，1823年にはアメリカが関与して中央アメリカ連邦共和国が成立する。しかし，各地に勢力を持つ支配階級が植民地時代から維持してきた富や権力を守ろうと利害を対立させて内戦を繰り返し，結局，多くのミニ国家に分裂してしまった。それが現在のグアテマラ，エルサルバドル，ホンジュラス，ニカラグア，コスタリカである。

アメリカはさらに，米西戦争に勝利し，キューバをスペインから奪って1902年に保護国とし，1903年には，パナマ運河の利権確保のため，コロンビアの領土の一部であったパナマを分離独立させる。

民族構成の違いも小国分立の大きな理由だ。中米諸国のおもな民族構成要素としては，ヨーロッパ系の**白人**，先住民の**インディオ**，アフリカから連行された奴隷をルーツとする**黒人**，白人とインディオの混血の**メスチソ**，白人と黒人の混血の**ムラート**などを挙げることができるが，各国の民族構成は次に示すように多彩だ。

白人が多い国　・**コスタリカ**（94%）・**キューバ**（65%）
黒人が多い国　・**ハイチ**（95%）・**ジャマイカ**（91%）・**ドミニカ**（87%）
メスチソが多い国　・**ホンジュラス**（90%）・**エルサルバドル**（94%）
その他　・**グアテマラ**（メスチソ59%・マヤ系インディオ41%）
　　　　・**トリニダード・トバゴ**（ムラート40%・インド系25%）

民族構成が多様ならば，当然言語も多種多様だ。**スペイン語**を公用語とする国が多いが，ベリーズやジャマイカは**英語**，ハイチは**フランス語**というように旧宗主国の言語を公用語としている国もある。また，先住民の言語もまだ各地で広く使われている。

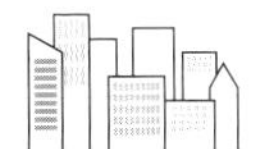

83 ジャマイカが世界一の陸上短距離王国になったのはなぜ？

ウサイン・ボルトは陸上100m，200mでオリンピック3連覇，2021年の東京大会では，女子100mでジャマイカ勢が金銀銅を独占した。

ジャマイカの英雄ウサイン・ボルトは「人類最速の男」と呼ばれ，出場したオリンピック3大会で合計8個の金メダルを獲得した。彼以外にもジャマイカは多くのメダリストを輩出しており，今世紀に入り，オリンピック5大会で金21個，銀14個，銅13個のメダルを獲得している。とりわけ，100m走や200m走などの**陸上競技短距離種目**で，ジャマイカは圧倒的な強さを発揮している。1900年代末に，ソウル（1988），バルセロナ（1992），アトランタ（1996）の大会で男子100m走を制した3人の金メダリストもジャマイカ代表ではないが，出身はジャマイカである。

※1988年のジャマイカ出身の金メダリストはのちに失格した。

人口が日本の40分の1にも満たない約300万人，面積は岐阜県ほどの小さな島国であるジャマイカになぜこんなにも世界トップレベルのスプリンターが数多くいるのだろうか。

そこには大きく二つの理由がある。まず，一つめは彼らがスプリンターとして最適の**遺伝子**を持っていることだ。現在のジャマイカ人の9割以上がアフリカ系だが，そのルーツとされるのは西アフリカの熱帯雨林地帯である。高温多湿のこの地域に暮らす民族は，過酷な暑さ

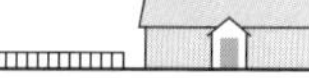

に適応するために身体の熱を放出しやすいよう，足や手が長く，身体の表面積が広いスラリとした体形をしている。日本人の祖先でもある極寒の北アジアに居住したモンゴル系民族が，身体の熱の放散を抑えるために身体の表面積が少ない胴長短足の体形に進化したのと逆のパターンだ。

そして，彼ら西アフリカの民族は，スプリンターに必要な瞬発力とパワーを持っている。人には速筋（白い筋肉）と遅筋（赤い筋肉）の2種類の筋肉があることが知られている。速筋は無酸素運動で駆使され，瞬発力を生みだす筋肉であり，遅筋は有酸素運動で駆使され，持久力に優れた筋肉である。西アフリカの民族は，遅筋よりもスプリンターに適した速筋が発達している。熱帯の密林で長く狩猟生活を続けてきた彼らにとって，獲物を獲るためには瞬発力と強靭な筋力が必要だったのだ。彼らは長い時間の経過の中で，手足がスラリと長く，爆発的なパワーを発揮する屈強な筋肉質の体型へと進化し，彼らの子孫であるジャマイカ人はその遺伝子を受け継いだのである。

もう一つ，ジャマイカが多くの有望なスプリンターを輩出する理由がある。それはアメリカに近いことである。世界一のスポーツ大国であるアメリカの大学やクラブは，指導者と最新の設備が充実しており，国内外から多くのアスリートが集まっている。アメリカとは飛行機で2時間ほどの近さにあるジャマイカからも，多くの才能ある若者がスカウトされて渡米した。そして，アメリカで最新の優れたトレーニング手法を学んだ人たちがジャマイカに戻り，国内の選手を育成するようになった。国が英才教育を施して子どもたちの才能をいち早く発掘し，助成金を出すなど育成環境の整備にも力を注ぐようになったのだ。ボルトらの登場で，陸上競技の人気が高まったことも相乗効果となっている。

84

エルサルバドルが「世界でもっとも危険な国」と呼ばれるのはなぜ？

ある海外旅行サイトで「絶対に行ってはならない危険な国」の第1位に挙げられているエルサルバドル。この国にはどんな危険が？

エルサルバドルは，人口約650万人，面積が北海道の4分の1ほどの中央アメリカでは最小の国である。2022年3月26日，この国でたった1日に62件の殺人事件が発生した。政府は憲法を一時停止して，集会の自由を禁止し，逮捕状なしの拘束が可能な非常事態宣言を発出した。ちなみに，人口約1400万の東京都で，2022年1年間に発生した殺人事件は91件，人口が東京の半分にも満たないエルサルバドルで，東京の9ヵ月分に相当する殺人事件がわずか1日で発生したわけである。エルサルバドルの人口10万人当たりの殺人発生率は世界最多の61.7人，日本の0.2人の約300倍だ。**「世界でもっとも危険な国」**と呼ばれるわけである。

しかし，アメリカでしばしば起こる銃乱射事件や日本でも過去にあった無差別殺傷事件のような大量殺人が頻繁に発生しているわけではない。エルサルバドルの殺人事件の多くは，**「マラス」**と呼ばれる凶悪な国際ギャング集団の存在が関連している。マラスは，中米各国で武器や麻薬の密売，恐喝，人身売買，違法賭博，不法移民，マネーロンダリングなど様々な犯罪行為を行なっており，その構成員はエルサルバドル国内だけで約7万人いるとされる。殺人が頻発するのは，そ

の多くは縄張りや麻薬取引をめぐるギャング同士の抗争が原因である。みかじめ料の恐喝に絡み，一般住民が殺されることもある。殺人は住民の恐怖心をあおり，住民や中小企業から金銭を脅し取るための手段だという。

ただ，エルサルバドルの殺人発生率が高いのは，マラスの存在が直接の原因であることは確かなのだが，その背景にはこの国の不安定な政情と国民の貧困がある。

エルサルバドルは，内戦が長く続き，今までに何度も政変やクーデターが繰り返され，「中米の台風の目」と呼ばれるほど政情が不安定な国だ。内戦がもっとも激しかった1980年代，内戦から逃れようと多くの難民がエルサルバドルを離れてアメリカに渡った。しかし，英語が話せない彼らがアメリカで定職に就くのは難しい。そんな難民の一部が貧困のためにギャング化し，それがマラスの始まりとなった。しかし，90年代になるとマラスはアメリカから追い出され，彼らは取り締まりが緩いエルサルバドルに戻って活動するようになったのだ。

エルサルバドルでは，寡頭支配層と貧困層という構図が定着しており，貧困層の人々が生きていくためには，国を出るか犯罪に手を染めるしかないとされている。マラスの存在，不安定な政情，国民の貧困という複雑な問題が積み重なったこの国の治安の回復はまだ多難のようだ。

人口10万人当たりの
世界の殺人発生率（2017）

1	エルサルバドル	61.7人
2	ベネズエラ	59.6人
3	ジャマイカ	56.4人
4	レソト	43.4人
5	ホンジュラス	41.0人
55	アメリカ	5.3人
110	イギリス	1.2人
139	中国	0.6人
156	日本	0.2人

〈資料：国連薬物犯罪事務所〉

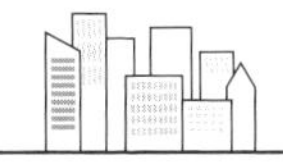

85

コスタリカが世界で唯一軍隊を持たない非武装中立国となったのはなぜ？

軍事費ゼロのコスタリカは，国家予算の30％が教育や福祉に充てられ，義務教育や医療は無償である。

中央アメリカには，貧困や治安の悪化，内戦などのために政情が不安定な国が多いが，その中で**コスタリカ**は，政治や経済がもっとも安定した民主主義国家である。また，コスタリカは戦車・戦闘機・軍艦などの軍備を保有せず，**永世中立・積極的中立・非武装**の三つを基本的理念とする世界で唯一の**非武装中立国**として知られている。

コスタリカもかつては他の中米諸国のように，隣国との戦争や内戦，クーデターなどの国家的危機に何度も直面することがあった。しかし，ミリタリズムに頼らない民主政治の実現のため，軍部の政治への介入を排除し，軍事費を教育や福祉に充てるために，1949年，憲法を改正して常備軍の廃止を決定した。さらに，1983年には永世非武装中立政策を国際社会に宣言した。

ただし，国家としての自衛権を放棄したわけではなく，哨戒艇，航空機，小火器類を保有する国境警備隊や航空監視員などの警察力が配備されている。また，反政府の武装組織がニカラグアから侵入することがあったが，その時は志願兵で構成された軍によって撃退した。

1987年には，非武装中立政策を進め，中米和平に貢献したとして，コスタリカのアリアス大統領にノーベル平和賞が授与された。

86 南米コロンビアと北米ブリティッシュコロンビア，似て非なる名の由来とは？

南米コロンビアの国名が，あのコロンブスに由来することはよく知られているが，北米のコロンビアには別の由来がある。

南米の**コロンビア**一帯は，スペインの植民地時代にはヌエバ・グラナダと呼ばれていたが，1819年，シモン・ボリバルが率いる革命軍がスペイン軍に勝利して独立を宣言し，その時に初めて「コロンビア」が新国家の名として採用された。1492年にヨーロッパ人として初めてアメリカ大陸に到達した探検家**コロンブス**の名にラテン語の地名接尾辞の“ia”を付けたもので，「コロンブスの国」を意味する。

なお，北米の太平洋岸には**コロンビア川**という大河が流れ，カナダには**ブリティッシュコロンビア州**がある。しかし，コロンブスは太平洋を知らず，当然この地域に彼の足跡はなく，こちらのコロンビアはコロンブス由来の名ではない。1792年，北米西岸を航海していた探検家ロバート・グレイが，アメリカとカナダの国境付近に大きな川を発見し，彼の船である「コロンビア・レシチバ号」の名を取ってコロンビア川と名付け，この川の名に因んで「ブリティッシュコロンビア州」と名付けられたのだ。そうなると船の名の由来が気になるが，残念ながら資料が残されていない。

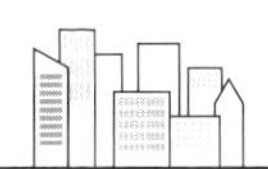

87 世界遺産マチュピチュ（ペルー）に日本のような温泉街があるというのはホント？

年間200万人の観光客が訪れるインカ帝国の天空都市マチュピチュ，麓のマチュピチュ村にその温泉街があるらしい。

アンデス山中にある**マチュピチュ**へ行くためには鉄道を利用するのが一般的だが，その終着駅があるのが**マチュピチュ村**だ。人口3000人ほどの小さな村だが，マチュピチュ観光の拠点である。この村は別名をアグアスカリエンテス村というが，スペイン語で「熱い水」を意味し，村に温泉が湧くことがその名の由来だ。

以前，Twitter（現X）にマチュピチュ村の写真が投稿され，「有馬温泉とそっくりだ」「箱根湯本かと思った」など，この村の風景が日本の温泉街とそっくりだとネット上で話題となったことがある。村の中を流れる渓流の両岸に土産物店や飲食店，ホテルが並ぶ風景は確かに日本の温泉地を彷彿させる。

マチュピチュ村で温泉を開発したのは実は日本人である。大正時代に移民として福島県からペルーへ渡った**野内与吉**という人物だ。与吉は，鉄道や水力発電施設の設置など，何もなかった村の開発に尽くし，さらに，村に温泉が湧くことを知って村人が利用できるよう浴場として整備し，観光客を見込んでホテルも建てた。現在，村には六つの露天風呂がある。ただし，混浴なので水着を着て入浴する。なお，ペルーは国内各地に温泉があり，実は南米の温泉大国である。

海のないボリビアに海軍があるのはなぜ？

2014年現在，ボリビア海軍は人員6659名と艦船4隻，航空機1機を保有している。

南米大陸のほぼ中央に位置する**ボリビア**に，「海の日」という記念日がある。ボリビアは今でこそ海岸から200kmも離れた内陸国だが，独立当時は太平洋岸まで広大な国土を領有していた。ところが，1879～84年，硝石の採掘権をめぐって勃発した隣国チリとの戦争に敗れ，ボリビアは沿岸部の領土を奪われて400kmにわたる海岸線を失い，内陸に閉じ込められてしまったのだ。

しかし，ボリビア国民は140年が経過した今でも海を奪われた屈辱を忘れていない。チリとの戦争で活躍した英雄エドゥアルド・アバロアが戦死した3月23日を「**海の日**」に定めて，海を取り戻す運動を展開している。この日，首都ラパスでは，子どもたちから軍隊までが参加して，毎年，盛大なパレードが行なわれている。

ボリビアが今も**海軍**を保有しているのは，海岸部の領土奪還を諦めていないからだ。なお，現在のボリビア海軍は，ブラジルから続くアマゾン川やボリビアとペルーの国境のチチカカ湖で密輸や麻薬取引を取り締まる活動をしている。チチカカ湖は琵琶湖の12.5倍の広さを持ち，標高3812mという高所にあるが，ボリビア海軍は世界一標高の高い場所で活動する海軍なのだ。

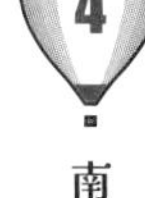

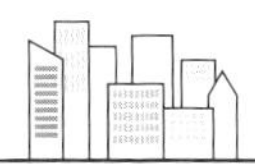

89 コーヒー大国ブラジルの人々のコーヒーの飲み方とは？

ブラジルは世界最大のコーヒー生産国であり，輸出国だが，アメリカに次ぐ世界第2位のコーヒー消費国でもある。

ブラジルでは，朝食のことをポルトガル語でカフェ・ダ・マニャン（Café da manhã）という。直訳すると「朝のコーヒー」という意味だ。それだけこの国では**コーヒー**が人々の生活の一部になっている。ただ，そのコーヒーの飲み方が我々日本人とはかなり違っている。

ある調査によると，日本人の約4割はコーヒーに砂糖やミルクを入れず，そのままブラックで飲むそうだが，何も入れないでコーヒーをそのまま飲むなどブラジル人にはあり得ないことだという。ブラックで飲む日本人を見て，彼らは「どうしてそんな苦いものが飲めるのだ」と驚き，呆れるそうだ。

ブラジル人はコーヒーには必ず砂糖とミルク入れて飲む。もちろん日本人でもそのような飲み方をする人は多いが，ブラジル人の場合，入れる砂糖の量が半端じゃないのだ。朝食時は牛乳をたっぷり入れたカフェオレを飲み，ランチやおやつのあとは濃厚なエスプレッソコーヒーを小さなカップでくくっと飲むのが一般的なブラジル人のライフスタイルだが，その時にティースプーンで砂糖を4杯も5杯も入れ，激甘にして飲むのがブラジル流だ。

なぜ，ブラジル人はそんなに甘いコーヒーを飲むのだろうか。ブ

ラジルでコーヒー豆の栽培が始まったのは，300年ほど前の1727年。その後，本格的なコーヒー栽培が始まり，1850年には生産量が世界一となった。以来，170年間，ブラジルは世界最大のコーヒー生産国かつ輸出国の地位を守り続けている。昔も今もコーヒーはこの国の外貨獲得のための重要な輸出品である。そのため，グレードの高いコーヒー豆のほとんどは海外へ輸出され，国内に出回るのは低品質の安価な豆ばかりなのだ。つまり，低品質の豆を使っているため，国内で飲まれるコーヒーは，そのままでは苦くてまずく，砂糖やミルクを大量に溶かし込んでおいしく飲めるよう工夫していたのである。

ちなみに，ブラジルは**コーヒー豆**の生産量が世界一であることは有名だが，**砂糖**の生産量も世界一だ。また，国民1人当たりの砂糖の年間消費量49.8kgは日本人の15.6kgの3倍以上である。

あと，日本と違うのは，ブラジルにはアイスコーヒーがないことだ。コーヒーに氷を入れて飲むなどという概念はブラジル人にはない。どんなに暑くても砂糖をドバッと入れた激甘の熱いコーヒーを飲むのがブラジルの文化なのだ。もっとも，近年はブラジル国内にもスターバックスなどアメリカンスタイルのコーヒーショップが相次いでオープンし，若者たちを中心にアイスコーヒーを飲む人が増えているそうだ。

コーヒー豆の国別生産量（2021）

順位	生産量
①ブラジル	299.4万t（30.2%）
②ベトナム	184.5万t（18.6%）
③インドネシア	76.5万t（7.7%）
④コロンビア	56.0万t（5.7%）
⑤エチオピア	45.6万t（4.6%）

〈資料:FAO〉

砂糖の国別生産量（2022.3）

順位	生産量
①ブラジル	3,637万t（19.9%）
②インド	3,580万t（19.6%）
③EU	1,626万t（8.9%）
④タイ	1,050万t（5.7%）
⑤中国	1,000万t（5.4%）

〈資料:USDA〉

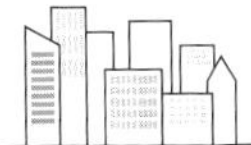

90 アルゼンチンの人々が，夕食を夜の遅い午後10時頃にとるのはなぜ？

一般的なアルゼンチン人の朝食は午前7～8時，昼食は12時頃，これは日本人と同じだが，夕食時間が遅すぎないだろうか。

アルゼンチンの人は，なぜそんなに遅い時間に夕食をとるのか，これはこの国の**シエスタ**と呼ばれる伝統的な生活習慣に理由がある。シエスタとは，昼下がりの長い休憩のことを指す。気温が高くなる午後は，判断力や集中力が鈍り，仕事の能率が下がるため，長めの休憩を取って昼寝などをするのだ。アルゼンチンの住宅は，明るいと昼寝がしにくいため，太陽の光が差し込まない位置に寝室を設けることが多い。

アルゼンチン人の一般的なライフスタイルは，午前8時から正午まで仕事をし，正午から午後4時までがシエスタ，午後4時から8時まで4時間ほどまた仕事をするというパターンだ。そして，子どもたちも一緒に家族みんながそろって午後10時頃からゆっくり夕食をとる。アルゼンチンでは，子どもたちも昼寝をするので，就寝時間は深夜の0時頃，夏の日没が遅くなる時期は，夕食前の10時頃までサッカーなどをして外で遊んでいるという。日本の子どもたちが寝る時間に，アルゼンチンの子どもたちは外で遊び，家族と夕食をとっているわけだ。

街中のレストランもオープンするのは夜が深まる午後10時頃，8時頃はまだ多くの店は閉まっている。ホームパーティーを開く場合もみ

んなが集まるのはもちろん10時以降だ。週末の夜はお酒を飲みながらおしゃべりをするのが彼らの楽しみだ。

しかし，夕食がそんなに遅ければ昼食と間隔が開きすぎて，お腹が空かないのかと当然疑問が生じるが，何も食べないわけではない。アルゼンチンには，夕方の5～6時頃に**メリエンダ**というティータイムがあり，パンやクッキーなど軽めのものをとる。

午後に昼寝をするのは，アジアやアフリカなど暑い地域の国々にはよく見られる習慣である。しかし，アルゼンチンのように夕食を夜遅くとる国はあまりない。シエスタ発祥の地とされるスペインも夕食は遅めだが，スペインでは夕食より昼食に時間をかけ，午後2時頃からワインなどを飲みながら家族でゆったりと食事をするのが伝統である。

ただ，近年，スペインでは国際社会と足並みをそろえるため，シエスタを廃止する職場が増えており，2006年には公務員のシエスタが廃止されている。

同様の傾向はアルゼンチンでも見られる。国際社会に合わせるという以外に，勤務先が遠くなって昼に一度帰宅することが困難だったり，面倒だったりするという理由もあり，首都のブエノスアイレスなどではシエスタを廃止したり，時間を縮めたりする企業が増えつつあるという。

その逆に日本では，厚生労働省が2014年に「健康づくりのための睡眠指針」を発表し，30分以内の短い昼寝はリラックスやリフレッシュにつながり，眠気による作業効率悪化の改善に効果的であるとし，積極的に昼寝を推奨している。しかし，残念ながら昼寝を導入する企業はまだ少ない。ちなみに，厚生労働省は夜遅くの夕食は勧めていない。

91

チリが世界有数の「ワイン大国」になったのはなぜ？

ワインの産地といえば多くの人はフランスやイタリアを連想するが，日本人がもっとも多く飲んでいるのはチリ産ワインだ。

世界のワイン生産はフランス・イタリア・ポルトガルの3国で世界のほぼ半分を占めており，チリの順位は年度により変動があるが，3国に次ぐ4～6位あたり，世界シェアの8%ほどだ。しかし，日本人がもっとも多く飲んでいるのは，**チリ産ワイン**である。リーズナブルな価格で，果実風味が豊かでまろやかな味が高評価を得ている。かつて，日本ではチリ産ワインはほとんど輸入されていなかったが，1990年代半ばより徐々に輸入量が増えて，2015年にはついにフランス産ワインを上回り国内シェア第1位に躍進した。この年の輸入量は，記録が残る1993年に比べると実に487倍，驚異的飛躍である。

少し前まで，日本人にはほとんど馴染みのなかったチリ産ワインだが，その歴史は意外と古く，16世紀まで遡る。ヨーロッパ人の南米大陸進出とほぼ同時期に，スペイン人宣教師がワインを持ち込んだ。ただ，当時のワインは嗜好目的ではなく，キリスト教の儀式に使用する宗教的な用具であった。当時はワインの保存技術が未熟でヨーロッパからの輸送が困難だったため，やがて南米各地でブドウを栽培し，ワイン造りが始まった。

チリで本格的にワインが造られるようになったのは19世紀初頭で

ある。その頃，フランスなどヨーロッパ全域でフィロキセラという害虫が大発生し，その大規模な虫害のために各国のブドウ畑が壊滅状態となってワイン造りが大打撃を受けた。そのため，虫害を受けない新天地を求めて，フランスから優秀な技術を持った多くのブドウ栽培家や醸造家が海を渡ってチリへ移住してきたのである。

チリの風土は，ブドウ栽培に最適だった。国土が南北に細長いため，チリは気候の地域差が大きいが，ブドウ栽培が盛んなチリの中央部は，1年間の日照時間が長く，昼夜の寒暖差が大きいため，ブドウの糖度は高くなり，ポリフェノールが多く含まれる。また，雨がほとんど降らないために収穫時期には最後までしっかり熟すことができ，年ごとの豊凶差も少ない。なお，雨が降らなくてもアンデスの山々を水源とする灌漑設備が整っている。

さらに，この地域の砂礫質土壌はヨーロッパに大きな被害をもたらしたフィロキセラが発生しにくく，気候が乾燥しているため，カビ対策や害虫対策がほとんど必要ない。

ヨーロッパのワインに比べて，コストパフォーマンスに優れていることもチリでワイン造りが発展した大きな理由だ。チリは，地代や人件費がヨーロッパに比べると安く，また，ブドウ栽培は，裕福な大地主が手がけており，ヨーロッパの国々より大規模な経営が行なわれている。そのため，生産効率が高く，生産コストが抑えられ，それが価格に反映されているわけだ。

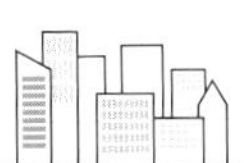

マーシャル諸島共和国
92
ナウル
93
ツバル
94
95
トンガ王国
オーストラリア
96
97
ニュージーランド
98

南極大陸

⑲ ⑽

第5章

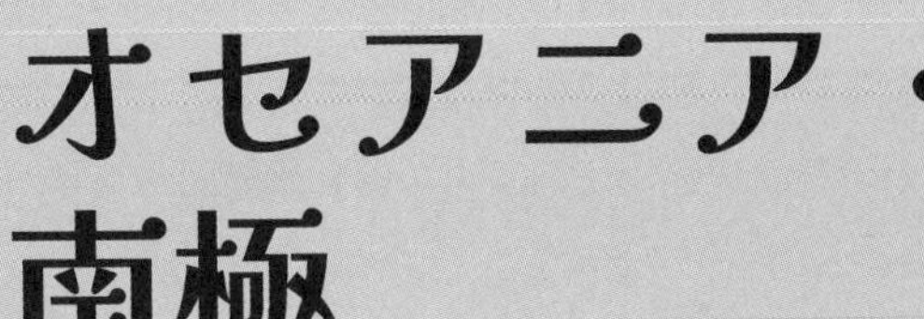

オセアニア・南極

92 マーシャル諸島共和国が日本の約6倍もの商船を持っているのはなぜ？

人口はわずか6万人ほどの太平洋の小さな島国が，世界第3位の3815隻の商船を保有している。

日本ではほとんど知られていない国だが，1950年代にアメリカの核実験場となり，その衝撃的な破壊力が女性水着のビキニの語源にもなったビキニ環礁があるのが，**マーシャル諸島共和国**である。2000年代初頭まで，この国には大型商船など皆無だったが，2020年には総トン数で世界の約12%に当たる1億6573万t，3815隻のマーシャル船籍の商船が世界中の海を航行するようになった。日本は第10位で2882万tである。

太平洋のちっぽけな島国がなぜわずか十数年で海運大国日本の6倍もの商船を持つようになったのだろうか。確かにマーシャル船籍の商船は多いのだが，実は，それらの船主は日本やアメリカなど海外の海運会社である。イメージとしては，神奈川県に実際に居住していない東京都民が湘南ナンバーの車に乗っているようなものだ。

このようにある国の企業が船籍を他国に置くことを**便宜置籍**（べんぎちせき）という。車を購入すると陸運局に登録しなければならないように，船の場合も必ず船舶登録が必要である。しかし，国によって制度や法律が異なるため，企業は有利な条件を持つ国に便宜的に船籍を登録する。このような登録が可能な国を**便宜置籍国**というが，その一つがマーシャ

ル諸島共和国なのだ。

便宜地籍国に船籍を置くと一体何が有利なのだろうか。まず，船舶登録の経費が安く済む。日本では，船舶の所有者には，登録免許税，固定資産税，トン数標準税など様々な税が課せられ，10万tクラスの船舶の場合だとその総額が数千万円にも及ぶ。しかし，便宜地籍国では，それが非課税や低額であり，企業にとっては大きなメリットだ。

船員や船舶の管理に関するルールが柔軟であることも企業には有利だ。国際商船に乗船する船長や機関長は，STCW条約（船員の訓練及び資格証明並びに当直の基準に関する国際条約）に基づくライセンスが必要だが，日本の場合，外国人にはこのライセンスを発給していない。つまり，日本籍船の船長と機関長は必ず日本人でなければならないのだ。これが便宜置籍船では国籍は不問であり，給与が安く済むフィリピンやインドなど外国人を雇用することができる。

自動車に車検制度があるように，船舶にも定期的な検査が義務づけられているが，その経費も便宜地籍国はかなり安価だ。

もちろん，便宜置籍船にも問題点はある。法規制が緩いため，密輸などの違法行為に利用されたり，労働者の待遇が悪くなったりすることだ。便宜置籍国としては後発のマーシャル諸島共和国海事局では，独自の管理マニュアルを作成し，船舶の安心・安全に取り組み，近年は船籍増加率が世界のトップであり，船舶数でも先発の便宜置籍国である**パナマ**や**リベリア**に迫りつつある。

国別船籍総トン数（2020）

順位	国	総トン数
1	パナマ	216
2	リベリア	175
3	マーシャル諸島	166
10	日本	29
18	アメリカ	13

（単位：100万トン）
資料：日本船主協会

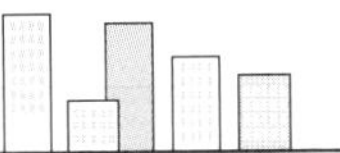

ナウルなどオセアニアの島々には肥満の人が多いのはなぜ？

ナウルでは豊満な身体が美と健康の象徴であり，男も女も太っていることが良しとされる。

下の表は，WHOが発表したBMI指数（体重÷身長の2乗）25以上の太りすぎや肥満の人々の割合である。第1位のナウル以下なんと上位のすべてをオセアニアの島国が占めている。これらの国の人々は男女を問わず国民の半分以上がおデブさんなのだ。この地域の航空会社では，あまりにも肥満の人が多いために運賃を体重別にしたり，機体が傾かないよう乗客の体重を測って座席を決めたり，日本ではとても考えられないことが行なわれている。国民の肥満防止対策として，街角のあちこちに体重計を設置したり，優勝者に海外旅行をプレゼントするダイエットコンクールを実施している国もある。

この地域にこれほど肥満の人が多いのはどうも祖先から受け継がれてきた彼らの体質に大きな原因があるようだ。この地域の人々は**倹約遺伝子（別名：肥満遺伝子）**と呼ばれるDNAをヨーロッパ人

世界の成人肥満率（2016）

順位	国	割合
1	ナウル	88.5%
2	パラオ	85.1%
3	クック諸島	84.7%
4	マーシャル諸島	83.5%
5	ツバル	81.9%
6	ニウエ	80.0%
7	キリバス	78.7%
15	アメリカ	67.9%
164	日本	27.2%

〈資料：WHO〉

やアジア人より多く持っている。倹約遺伝子は，使うエネルギーを最小にして余ったエネルギーを最大限に蓄える遺伝子であり，飢餓に備えてエネルギーを節約し，体内に脂肪として蓄える働きをする。食料を得ることが困難な時代に，人類はできる限り少ないエネルギー消費量で生き抜くためにこのような遺伝子を獲得したと考えられている。

太古の時代に，大陸から遠く隔たった太平洋の島々に，徐々に人が移り住むようになったが，彼らは数百kmを超える海を渡ってきた。そして，その時，倹約遺伝子を多く持った者が長い航海を耐えて生き残り，それが少ない者が淘汰された。この地域に肥満の人が多いのは祖先から受け継いだ倹約遺伝子のせいなのだ。

ただし，倹約遺伝子を多く持っているだけでは人は太らない。肥満には食生活や環境も大きく影響している。その典型的な事例が**ナウル**に見られる。1970～80年代，ナウルはリン鉱石の採掘によって繁栄し，世界でもトップレベルの金満国家であった。国民は税金を徴収されず，医療や教育，水道代や光熱費はすべて無料，年金制度が充実し，結婚すると新居が与えられた。しかも，リン鉱石を採掘するのは出稼ぎの外国人労働者であり，国民は働く必要がなく，その90%が無職であり，毎日が「食っちゃ寝」の生活だった。ナウルが，国民の80%以上が肥満，30%が糖尿病という「**世界一の肥満＆糖尿病大国**」になったのは当然の結果だ。

ところが，頼みのリン鉱石が20世紀末に枯渇してしまう。面積が20km^{2}ほどの小さなナウルは，採掘しまくった結果，穴ぼこだらけの農業もできない島になっていた。しかも，独立以来，国民には自ら汗を流して働く習慣がなかったため，国家の危機に有効な対策が取れず，一時，ナウルは破綻寸前にまで追い込まれた。この数年は，観光業などの振興により，ようやく復活つつある。

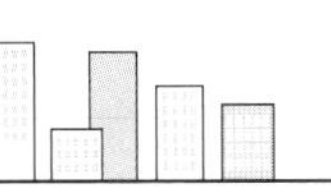

ツバルがドメインで外貨を稼いでいるってどういうこと？

2000年，ツバルは国連加盟を果たしたが，これは国連分担金をドメイン収入によって支払えるようになったからだという。

ツバルはハワイとオーストラリアのほぼ中間にあり，人口がわずか1万人余りのサンゴ礁の小さな島国である。資源に恵まれず，産業といえば零細な農業や漁業くらいで，国の財政は海外からの援助に頼らざるを得なかった。しかし，今や世界中に普及したインターネットがそんなツバルの財政事情を一変させた。

インターネットでは，ウェブサイトのURLやメールアドレスに**ドメイン**と呼ばれる識別符号が使われている。ドメインには，国ごとに割り当てられているものがあり，日本は「.jp」，これは我々がもっともよく目にする。アメリカは「.us」，韓国は「.kr」，ツバルは英語表記では「Tuvalu」，ドメインは「**.tv**」である。

「.com」というドメインもよく目にするが，comは商用を意味する「commercial」の略である。ドメインは国別コード以外も数多く，様々な種類がある。例えば，「.car」や「.bank」，これらは自動車関連企業や銀行などにはピッタリのドメインであり，使用するには高額の登録料が必要で**プレミアムドメイン**と呼ばれている。プレミアムドメインは，企業名や商品名，サービス・商品の広告としてイメージや認知度のアップにつながり，文字数が少なくて覚えやすいことが条件だ。

そこで，ツバルのドメインの「.tv」だが，これがこの国にとって好運だった。「tv」といえば，テレビを意味する略称であり，これにアメリカのベンチャー企業であるdotTV社が注目したのだ。dotTV社は，10年間にわたって合計5000万ドル（約58億円）支払う契約をツバル政府と交わし，「.tv」のドメインを独占的に登録する権利を得た。これによって，ツバルは，GDP（国内総生産）約700万ドルの6割ほどの外貨収入を毎年得るようになり，この資金を国連分担金に充てることによって念願の国連加盟を実現した。さらに，ドメインの売却で得た資金は，電気などのインフラの整備，道路の修復，医療や教育の充実にも活用され，かつてのように他国の援助を当てにせず，ツバルは経済的にも自立するようになった。

dotTV社はオークションのシステムを採用して年間登録料を決めて，プレミアムドメインを販売しており，「.tv」は現在まで約30万ドメインが登録されている。クライアントの大半はアメリカ国内だが，日本国内でもBSフジ（bsfuji.tv），や女性チャンネルLaLa TV（lala.tv），ABEMA（abema.tv）などのテレビ局や動画配信サイトが「.tv」を採用している。

なお，ツバルの「.tv」以外にも，ミクロネシア連邦のドメイン「.fm」はFM放送局に多く使われている。世界の200を超える国と地域ごとに割り当てられているドメインは，アルファベット2文字のコードで表記されるが，「.tv」や「.fm」のように，企業にとってはまだまだ使えるドメインがあるかもしれない。

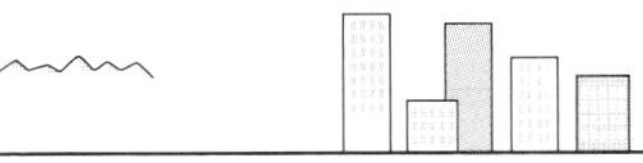

トンガ王国に出現した「カボチャ御殿」って何だ？

日本がバブル景気に沸いていた頃，トンガはカボチャ景気，島内各地に「カボチャ御殿」と呼ばれる高級住宅が出現した。

北海道では，かつてニシン漁で財を成した網元たちがニシン御殿を建て，近年はホタテ貝の養殖で成功した漁師がホタテ御殿を建てたが, 1990 年頃, **トンガ**では**カボチャ**の輸出が急拡大して好景気となり,この時にカボチャで儲けたトンガ人が建てたのが「カボチャ御殿」である。

トンガでは古くからココナツオイルが外貨獲得のための重要な輸出品だったが，1980 年代になるとココナツオイルの需要が低下して国際価格が急落したため，ココナツより短期間で収穫できるカボチャが新たな換金作物として栽培されるようになった。

これをバックアップしたのは日本の商社である。トンガは南半球に位置しているため，日本ではカボチャが品薄となる冬の端境期に出荷することができ，日本の需要に合わせた品種のカボチャが栽培された。生産されたカボチャのほとんどは日本へ輸出され，その輸出量は1990 年代から2000 年代初頭には年間1～2万tで推移し，日本国内のスーパーにトンガ産のカボチャが並ぶようになった。そして, 当時, カボチャ輸出でしこたま儲けたトンガ人が，コンクリート製の高級住宅を建てて，高級車を乗り回し，電化製品を次々と買い求めるように

なったのである。

しかし，このカボチャ景気は長くは続かなかった。2000年代に入ると，過剰生産による品質の低下やトンガと出荷時期が重なるメキシコやニューカレドニアなどの競合国の台頭，さらに日本の消費者の国産嗜好の高まりもあって，日本国内のトンガ産カボチャの市場シェアが低下し，2010年に入ると，日本への輸出量は最盛期の1割以下に減ってしまった。

ただし，これには単一栽培のリスクを防ぐために，オーストラリアやニュージーランド向けのスイカや，アメリカ向けのバニラなど，栽培する作物の種類を増やすなど農業経営の多角化を進めるようになったというトンガ国内の事情もあるようだ。

ちなみに，トンガ人はカボチャをほとんど食べない。輸出向けの選別場で規格外や傷が付いていて撥ねられたカボチャや，売れ残ったカボチャはブタの餌として利用される。カボチャを食べて育ったブタは，トンガ人にとってこの上ないご馳走である。

日本の国内市場におけるカボチャの月別入荷先の動向

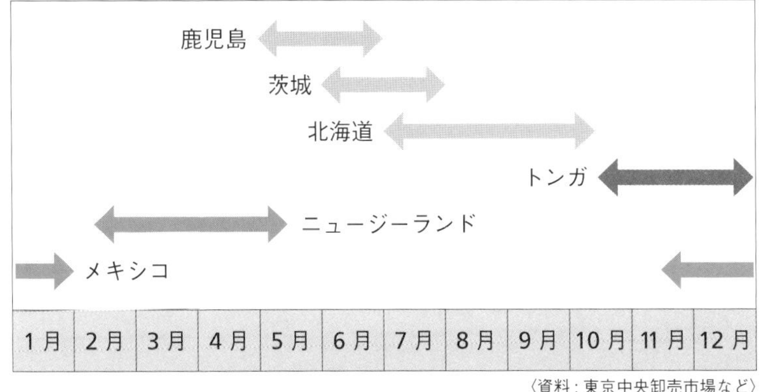

〈資料：東京中央卸売市場など〉

オーストラリア大陸が世界地図に描かれるようになったのはいつ？

18世紀初めの世界地図にはまだオーストラリア大陸が記載されていなかった。この大陸の全容が明確になったのはわずか250年前だ。

オーストラリア大陸には，5万年以上前の氷河期に先住民であるアボリジニが東南アジアから移り住み，独自の文化や生活を営んできた。しかし，ヨーロッパから見るとほぼ地球の裏側にあたるこの大陸は，どの大陸からも隔絶し，その存在が長く謎となっていた。

オーストラリア大陸に最初に上陸したヨーロッパ人は，香辛料を求めて東南アジアに進出していたポルトガル人であるという説があるが，確かな記録としては，1606年，オランダ東インド会社が派遣した**ウィレム・ヤンスゾーン**がオーストリア北東部のヨーク岬に上陸したのが最初である。その後，東インド会社はたびたび探検隊を派遣してオーストラリアの北岸から西岸や南岸の一部を調査し，1642～43年には**アベル・タスマン**がインド洋からオーストラリア南岸を周航してタスマニア島に到達し，さらに東進してニュージーランドを発見した。しかし，東岸部を探検しなかったタスマンは，オーストラリアの北部はニューギニアにつながっていると誤解し，ニュージーランドをさらに南東に広がる大陸の一部であると思い込み，オーストラリア大陸やニュージーランドの全容を認識できていなかった。また，彼はこの航海で香辛料のような産物を見つけることができなかった。

その結果，東インド会社はタスマンらの探検で知り得た荒涼とした北岸や西岸の状態から，この大陸は利用価値が低いと判断し，以後，オーストラリアの調査を放棄してしまう。オーストラリアでもっとも温暖で，肥沃な土地が広がる東岸から南東部にかけての地域は探検されず，未知のまま残されたのだ。そのため，18世紀になってもまだ世界地図にはオーストラリア大陸が明確に描かれていなかった。

オーストラリアの全容が明らかになるのは，日本では江戸時代中期に当たる18世紀後半だ。1769～71年，イギリスの探検家**ジェームス・クック**は，オーストラリア南端部から北端の3200kmにわたる沿岸を測量し，オーストラリア東部の地図を完成させる。クックはここをイギリス領とすることを宣言し，イギリスは，さらに東海岸から徐々に西へ植民地化を進め，1829年にオーストラリア全土の領有を宣言する。

当初，オーストラリアは流刑地として利用されたが，金鉱の発見や羊毛産業などで次第に入植者が増え，1901年にオーストラリア連邦として独立を達成する。

要するに，オーストラリア大陸の場合，コロンブスやマゼランのような特定の人物による歴史的な大発見があったわけではない。多くの探検家の業績によって，徐々にその全容が世界地図に描かれるようになったのである。

ヨーロッパ人より早くオーストラリアに上陸した日本人がいるという説もある。その日本人とは，江戸時代初めにタイで活躍した山田長政である。この日本人説はオーストラリアのある外交官が報告しているが，残念ながらこれを裏づける史料は見つかっていない。

97 オーストラリアで，年間150万頭のカンガルーが射殺されている。一体なぜ？

動物愛護国のオーストラリアで，国章にも描かれ，コアラと並ぶ人気動物のカンガルーがこんなに多く殺される事情とは。

カンガルーは多くのオーストラリア人に愛されている。しかし，その一方で，1年間に150万頭のカンガルーが射殺されている。しかも，これは密猟ではなく，政府から認可を受けたハンターが政府の駆除計画に基づいて実行しているのだ。1ヵ月に150頭ものカンガルーを射殺するプロのハンターがいるという。カンガルーを射殺するのはあまりにもカンガルーが多すぎるからだ。

政府の調査によると，その生息数は約5000万頭，オーストラリアの人口2200万人の2倍以上，この国の羊の数6600万頭よりはやや少ないが，牛の数2900万頭よりも多い。そのため，カンガルーが絡んだ交通事故が年間2万件もあり，メルボルン郊外の国道を走っていると，道路脇に車にはねられたカンガルーの死骸をいくつも見かけるという。カンガルーも哀れだが，そんな巨体と衝突すると自動車は大きく破損し，人も怪我や死亡することがある。

カンガルーの数がそこまで増えたのは，カンガルーを補食していたディンゴ（オーストラリアに生息するオオカミの亜種）がほぼ絶滅してしまったことや，アボリジニが狩猟をしなくなり，カンガルーの天敵がいなくなったことが大きい。

日本でも増えすぎたイノシシやサルに農家が作物の被害を受けることがあるが，オーストラリアでも同じような問題が起こっている。農場や牧場の経営者にとって，カンガルーは作物を踏み荒らしたり，牧場の柵を壊したり，家畜の牛や羊のエサを横取りしたりする厄介者であり害獣なのだ。整備された牧草地や家畜用の水飲み場がある牧場は，カンガルーにとって住みやすい。しかし，カンガルーに居着かれると，畑や牧草地が荒らされ，羊や牛にもダメージが及ぶ。政府がカンガルーを駆除する政策を進めるのは，増えすぎた個体数の調整というだけではなく，農民の生活を守るためでもある。

ただ，駆除するするばかりではなく，カンガルーの肉や皮革の商用利用も積極的に行なわれている。かつてカンガルーの**肉**を食べることは違法であったが，4万年以上も昔からアボリジニが食料としていたことから，1980年代から90年代にかけて各州で解禁され，今ではステーキ肉，挽き肉，ソーセージなど様々な形でカンガルー肉がスーパーの店頭に並んでいる。さらに，カンガルー肉は脂肪分が少なく，タンパク質が多いため，健康に良い食材として生産量の7割がヨーロッパなど世界55ヵ国に輸出されている。

また，カンガルーの**皮革**は，柔らかくしなやかで丈夫なため，サッカーのスパイク用として人気が高く，世界のスポーツ用品メーカーが競ってカンガルー皮革を輸入していた。ただ，人工皮革の普及で，その需要は減りつつあるが，バッグなどではまだ人気だ。

オーストラリアは日本の捕鯨をもっとも強硬に非難している国だ。毎年150万頭ものカンガルーが射殺されていることについて，もちろん異議を唱える人たちもいるようだが，一般の人々の関心はそれほど高くないことが気にかかる。

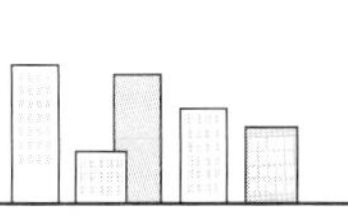

キウイフルーツはニュージーランドが原産ではなかった！

キウイフルーツの発祥の地は確かにニュージーランドだが，原産地はニュージーランドではないってどういうこと？

キウイフルーツ（Kiwi fruit）はマタタビ科のつる性植物で学名を「アクティニディア＝デリキオサ（Actinidia deliciosa）」，和名を「オニマタタビ」という。原産地は中国南部の長江渓谷と推測され，中国ではおもに解熱剤などの漢方薬の原料として使われ，その実は，我々が知っているキウイより小さく，栽培はされず，野生のまま利用されていた。

現在，世界中の多くの人々に食べられている果実のキウイは，1920年代にニュージーランドの種苗生産業者ヘイワード・ライトによって開発された。彼は中国から持ち込まれた原種を20年かけて品種改良し，その後世界に広く流通する緑色の果肉のキウイフルーツを完成させる。この新種は彼の名に因んで「ヘイワード種」と呼ばれ，現在，世界で栽培されているキウイのほとんどはこの品種，またはその改良種である。

とりわけ，温暖な気候のニュージーランドの適切な雨量と十分な日射，肥沃な土壌は，キウイの生育には最適であり，1930年代には商業的な栽培が本格的に開始された。現在，ニュージーランドの輸出品目の30％は農林水産物で占められているが，農産物ではキウイが最大の輸出品である。

なお，今でこそこの果物はキウイと呼ばれているが，当初は中国が原産地だったため，「チャイニーズグーズベリー（chinese gooseberry)」と呼ばれていた。しかし，海外へ輸出されるようになると，ニュージーランド産なのに「チャイニーズ」はおかしいということになり，オークランド（ニュージーランド最大の都市）の果実卸売会社がこの果物を「メロネット」と名付けた。ところが，当時，最大の輸出先であるアメリカでは，メロンに高い輸入関税がかけられていたため，メロンと紛らわしい名はまずいということになり，そこで考案された名が「キウイフルーツ」である。大手の輸出業者がニュージーランドの国鳥のキウイの丸くて愛らしい姿形と似ていることに因んで名付けたとされている。ただ，この説には確証がなく，ニュージーランド人の一般的な愛称「キウイ」が由来だという説もある。

ちなみに鳥の**キウイ**という名は，この鳥の鳴き声が「キーウィー」と聞こえることから，先住民であるマオリ族が「キウイ」と呼んでいたことが語源だそうだ。キウイは鳥だが，翼が退化し飛ぶことができない。これはニュージーランドには天敵がいなかったためで，かつては1000万羽が生息していたと推測される。しかし，ヨーロッパ人の入植が始まるとキウイの生息地である森が開拓され，さらに彼らが連れてきた犬などが外敵となって，現在は2万5000羽ほどに減少し，絶滅危惧種に指定されている。

南極大陸の厚い氷の下には何がある？

南極大陸の98％は氷に覆われており，その厚さは平均2450m，もっとも厚いところは4000ｍもある。その下にあるものとは？

1821年，ジョン・デイビスというアメリカ人猟師がオットセイを追って南極に上陸したという記録がある。これが人類史上最初の南極大陸到達のようだ。以来200年を経て，今では27の国々が約60ヵ所に観測基地を設置して，様々な調査や観測を続けており，南極はもはや未踏の地ではなくなった。少々料金は高いが大手旅行会社による南極観光ツアーも実施されており，一般人でも南極へ行くことができる。

それでも，日本の約37倍，オーストラリア大陸の1.5倍の広さがあり，富士山がすっぽり埋まってしまうほどの厚い氷に覆われた南極大陸には，まだ解明されていない多くの謎がある。その一つが厚い氷の下がどうなっているのかということだ。

近年，人工地震を起こして地震波を分析したり，氷上からの地中探査レーダーや人工衛星に搭載したアイスレーダー（氷透過レーダー）による探査など，観測技術の進歩が著しい。ほんの30年ほど前までは，南極の氷は底まで凍っていると考られていたが，意外にもそうではないことがわかってきた。南極大陸を覆う数千ｍもの氷床の下には湖があり，川も流れているという。

氷床の底にある湖は氷底湖という。現在，400ヵ所ほど確認され

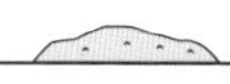

ており，最大のボストーク湖は，面積が1.4万km^2，実に琵琶湖の20倍以上の広さである。2022年には，氷床の底を流れる長さが470kmにも及ぶ川が発見され，人々を驚かせた。極寒の氷床の下にこのように膨大な量の水があるのは，最新の研究によると，氷床の底が地下のマントルからの熱のために融解して液状化しているからだと報告されている。また，氷上が極寒でも，分厚い氷床が断熱材の役割を果たし，氷上の低温が氷底までは伝わらず，さらに，分厚い氷床の重さによる超高圧のために，氷底では凝固点が低くなっていることも液状化の要因と考えられている。

水があるのなら生物の存在が気になるが，ボストーク湖には，バクテリアや菌類などの生物が存在することが確認されている。約1500万年以上も地上と分離していたためほとんどが新種だ。

あと，気になるのは地下資源だ。現在まで，南極には石油，天然ガス，石炭，鉄などの他，コバルト，ウラン，マンガンなど多くの鉱物資源，サファイヤ，ルビーなどの宝石が埋蔵していることが確認されている。南極大陸は約5億年前には，オーストラリア大陸，アフリカ大陸，南アメリカ大陸などと合わさったゴンドワナ大陸と呼ばれる超大陸を構成していたことが知られている。それら南極以外の大陸では，現在，様々な地下資源鉱床が発見され，実際に採掘も行なわれているが，同様の鉱床が南極大陸にも当然存在するわけだ。

しかし，現在は**南極条約**によって南極の平和的利用や領有権の凍結が定められており，どこの国もこれらの資源を勝手に採掘することはできない。ただ，南極条約は2048年に失効するため，それ以降どうなるのかは不明だ。資源の争奪戦が始まるような事態だけは避けてほしい。

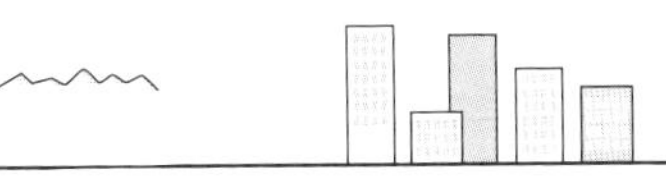

南極大陸の氷が融けて，海面が上昇しているというのはホントだろうか？

南極の氷が融けると海面はどれくらい上昇する？　我が家は大丈夫だろうか？　あなたもそんな疑問を持ったことはないだろうか。

南極大陸を覆う氷床は厚さが平均2450 m，容積は推定約3000万 km^3，これは日本海の容積の約18倍だ。この氷が全部融けると，現在より海水面が40 ～ 70 m上昇するという。そうなると，東京，大阪，名古屋など日本の大都市はすべて海の底，オランダやデンマーク，バングラデシュなどは国土の大半が水没してしまう。もちろん，近未来にそのようなことはまず起こりえないだろう。

しかし，NASAの調査によると，2003年から2019年までの16年間にグリーンランドでは年間平均2000億t，南極では年間平均1180億tの氷塊が消失し，世界の海面が1年に約1.3cmずつ上昇しているという。このまま**海面上昇**が進行すると，今世紀末には海面水位が最大82cm上昇することが予測される。たった82cmと思われるかもしれないが，これだけでも東京ならば江東区，墨田区，江戸川区，葛飾区のほぼ全域が水没し，モルディブやツバルのように低平なサンゴ礁の島国は国土の大半を失ってしまう。

その原因とされているのは地球温暖化だ。世界の平均気温は20世紀初頭から現在までの100年間で0.73℃上昇しており，これが南極やグリーンランドの氷床の融解や海面水位の上昇を引き起こしていると

言われている。地球温暖化の原因や影響，そしてその対策についてはグローバルな問題であり，しばしばテレビや新聞などでも報道されているので多くの人はその概要を知っている。しかし，温暖化の進行によって南極の氷が融け始めていると考えるのは，実は誤りだ。

なぜなら南極大陸の平均気温は－30～－50℃であり，昭和基地などがある沿岸部を除けば，気温が0℃を上回ることはほとんどない。温暖化で少しくらい平均気温が上がっても，気温が0℃を超えない以上氷床が融けることなどないのだ。逆に，温暖化が進むと，海水温が上昇して海面からの蒸発量が増えて雪がよく降るようになり，氷床上の積雪が多くなると考えられる。

それでも，南極では現実に**氷床の融解**が進行している。ただ，その原因が温暖化ならば，融けるのは外気に触れる氷床の表面のはずだ。しかし，実際には前のページで述べたように南極大陸の氷は，上からではなく下から融けている。今，起こっているのは，氷底の融けた水が潤滑油の働きをして分厚い氷床を滑るように海へ押し出し，海に流出した氷床が氷山となって漂流し，次第にそれが縮小し，融解してしまうという現象である。

もちろん，南極にも地球温暖化の影響は及んでいる。それは生態系への影響である。海水温の上昇でオキアミが激減し，その結果，オキアミを主食にしているペンギンが急激に数を減らしているという。陸や海を問わず，地球温暖化が世界全体の環境に与える影響ははかり知れない。温暖化対策は，のちの世代のために，先進国だけではなく，開発途上国も含めて世界が協力して取り組まなければならない最優先課題である。

◆参考文献

・ケビン･シンクレア , アイリス･ウォン･ポーイー，鈴木博訳『カルチャーショック― 09 中国人』河出書房新社
・エスター・ワニング，篠原勝訳『カルチャーショック 06 ―アメリカ人』河出書房新社
・櫻井澄夫，人見豊，森田憲司編著『北京を知るための 52 章』明石書店
・中村覚編著『サウジアラビアを知るための 63 章』明石書店
・金基淑編著『カーストから現代インドを知るための 30 章』明石書店
・長坂寿久『オランダを知るための 60 章』明石書店
・羽場久美子編著『ハンガリーを知るための 60 章』明石書店
・岡田恵美子，北原圭一，鈴木珠里編著『イランを知るための 65 章』明石書店
・宇山智彦編著『中央アジアを知るための 60 章』明石書店
・近藤久雄，細川祐子，阿部美春『イギリスを知るための 65 章』明石書店
・スイス文学研究会編著『スイスを知るための 60 章』明石書店
・高橋進，村上義和編著『イタリアの歴史を知るための 50 章』明石書店
・吉岡政徳，石森大知編著『南太平洋を知るための 58 章』明石書店
・細野昭雄，工藤章，桑山幹夫編著『チリを知るための 60 章』明石書店
・阿門禮『世界のタブー』集英社
・中島恵『なぜ中国人は財布を持たないのか』日本経済新聞出版社
・「月刊みんぱく」編集部編『100 問 100 答 世界の民族』河出書房新社
・八幡和郎『世界史が面白くなる「国名・地名」の秘密』洋泉社
・ジョナサン・モリス著，龍和子訳『コーヒーの歴史』原書房
・クラリッサ・ハイマン著，道本美穂訳『トマトの歴史』原書房
・コリーンテーラーセン著，竹田円訳『カレーの歴史』原書房
・世界情勢を読む会『「タブー」の世界地図帳』日本文芸社
・矢野英基『可能性の大国インドネシア』草思社
・四戸潤弥『イスラム世界とつきあう法』東洋経済新報社
・世界情勢を読む会編著『図説・ゼロからわかる世界情勢地図の読み方』実務教育出版
・片倉もとこ編集代表『イスラーム世界事典』明石書店
・ティム・マーシャル著，田口未和訳『国旗で知る国際情勢』原書房
・島崎晋『図解これだけは知っておきたいコーラン入門』洋泉社
・飯山陽『イスラム教再考』扶桑社
・藤井青銅『教養としての「国名の正体」』柏書房
・地球の歩き方編集室『地球の歩き方　世界 244 の国と地域』学研プラス

・辻原康夫『民族文化の博学事典』日本実業出版社
・エピソードで読む世界の国編集委員会『エピソードで読む世界の国 243』山川出版社
・世界情勢を読む会『面白いほどよくわかる世界地図の読み方』日本文芸社
・成瀬廉二『南極と氷河の旅』新風書房

◆参考 Web サイト

・「Wiki Investment」 https://www.wiki-investment.com/
・「Newsweek 日本版」 https://www.newsweekjapan.jp/
・「The Povertist 日本版」 https://www.povertist.com/ja/
・「Nature Communications 日本語」 https://www.natureasia.com/ja-jp/ncomms
・「グラフで見る世界の統計」 https://graphtochart.com/
・「世界史の窓」 https://y-history.net/
・「ウガリスト.com」 https://ugalist.com/
・「世界事典」 https://theworldict.com/
・「世界の民族ねっと」 https://ethnic-world.net/
・「JTB 海外現地レポート観光ガイド」 https://www.jtb.co.jp/kaigai_guide/top/
・「NNA EUROPE ヨーロッパ経済ニュース」 https://europe.nna.jp/
・「Travel Book 旅行観光ガイド」 https://www.travelbook.co.jp/guidebook
・「Tripadvisor」 https://www.tripadvisor.jp/
・「進め！中東探検隊」 https://seiwanishida.com/
・「世界雑学ノート」 https://world-note.com/
・「知力空間」 https://cucanshozai.com/
・「ecotopia」 https://ecotopia.earth/
・「アジア経済研究所」 https://www.ide.go.jp/Japanese.html
・「東京都立図書館」 https://www.library.metro.tokyo.lg.jp/search/
・「JICA 独立行政法人国際協力機構」 https://www.jica.go.jp
・「国土交通省」 https://www.mlit.go.jp/
・「環境省」 https://www.env.go.jp/
・「外務省」 https://www.mofa.go.jp/mofaj/
・「東京大学総合研究博物館」 https://www.um.u-tokyo.ac.jp/
・「Yahoo! ニュース」 https://news.yahoo.co.jp
・「withnews」 https://withnews.jp/
・「時事通信ニュース」 https://sp.m.jiji.com/
・「PRESIDENT ONLINE」 https://president.jp/

・「サライ JP」 https://serai.jp/
・「DIAMOND ONLINE」 https://diamond.jp/
・「FNN プライムオンライン」 https://www.fnn.jp/
・「東洋経済 ONLINE」 https://toyokeizai.net/
・「PHP オンライン衆知」 https://shuchi.php.co.jp/
・「NHK for School」 https://www.nhk.or.jp/school/
・「読売新聞オンライン」 https://www.yomiuri.co.jp/
・「朝日新聞 GLOBE +」 https://globe.asahi.com/
・「文化放送」 https://www.joqr.co.jp/
・「毎日新聞」 https://mainichi.jp/
・「日本経済新聞」 https://www.nikkei.com/
・「NIKKEI STYLE」 https://style.nikkei.com/
・「情報・知識 & オピニオン imidas」 https://imidas.jp/
・「Weblio 国語辞典」 https://www.weblio.jp/
・「ウィキペディア」 https://ja.wikipedia.org/
・「ターンナップ オンライン参考書」 https://school-turnup.com/category/text/
・「コトバンク」 https://kotobank.jp/
・取り扱い関連国の大使館ホームページ

著者紹介

宇田川 勝司（うだがわ・かつし）

▶1950年大阪府岸和田市生まれ、現在は愛知県犬山市に在住。
関西大学文学部史学科（地理学）卒業。
中学・高校教師を経て、退職後は地理教育コンサルタントとして、東海地区のシニア大学やライフカレッジなどの講師、テレビ番組の監修、執筆活動などを行っている。
おもな著作は『クイズで楽しもう ビックリ！意外 日本地理』（草思社）、『数字が語る現代日本の「ウラ」「オモテ」』『中学生のための特別授業 宇田川勝司先生の地理』（学研教育出版）、『なるほど日本地理』『なるほど世界地理』『日本で1日に起きていることを調べてみた』『謎解き日本列島』『深掘り日本の地名 知って驚く由来と歴史』（以上、ベレ出版）、『中学校地理ワーク ＆パズル 85』（明治図書出版）、『地理の素』（ネクストパブリッシング『GIS NEXT』に連載）、『気になる日本地理』（角川ソフィア文庫）など。
HP「日本地理おもしろゼミナール」http://www.mb.ccnw.ne.jp/chiri-zemi/

◉── カバーデザイン　ISSHIKI
◉── 本文デザイン・DTP　川原田 良一（ロビンソンファクトリー）
◉── 本文・カバーイラスト　いげた めぐみ
◉── 校閲　有限会社 蒼史社

謎解き世界地理 トピック100

2023年 11月 25日　初版発行

著者	宇田川 勝司
発行者	内田 真介
発行・発売	ベレ出版 〒162-0832　東京都新宿区岩戸町12 レベッカビル TEL.03-5225-4790 FAX.03-5225-4795 ホームページ　https://www.beret.co.jp/
印刷	モリモト印刷株式会社
製本	根本製本株式会社

ISBN 978-4-86064-744-5 C0025　編集担当　森 岳人